即兴演讲

精准表达

孙玉忠◎编著

北方妇女儿童出版社
·长春·

图书在版编目（CIP）数据

即兴演讲　精准表达 / 孙玉忠编著. -- 长春：北方妇女儿童出版社，2024.6
　　ISBN 978-7-5585-8404-6

　　Ⅰ.①即… Ⅱ.①孙… Ⅲ.①演讲—语言艺术 Ⅳ.①H019

中国国家版本馆CIP数据核字（2024）第065599号

即兴演讲　精准表达

JIXING YANJIANG　JINGZHUN BIAODA

出 版 人	师晓晖
策 划 人	陶　然
责任编辑	袁　铨
装帧设计	天下书装
开　　本	710mm×1000mm　1/16
印　　张	9
字　　数	150千字
版　　次	2024年6月第1版
印　　次	2024年6月第1次印刷
印　　刷	三河市南阳印刷有限公司
出　　版	北方妇女儿童出版社
发　　行	北方妇女儿童出版社
地　　址	长春市福祉大路5788号
电　　话	总编办：0431-81629600
定　　价	49.80元

现实生活中，人们无时无刻不在进行沟通和交流，用语言来表达自己的想法，同时与他人进行信息交换，这便是我们日常生活中最为常见的沟通方式。

除了这种沟通方式，还有一种较为独特的沟通方式，它就是"即兴演讲"。说到"即兴演讲"这个概念，相信大家都会在第一时间将它与"演讲"联系起来，甚至有人会觉得它就等同于我们熟知的"演讲"。

事实果真如此吗？答案当然是否定的。"即兴演讲"是在某种特定的环境下、基于某一类事项或主题而产生的延展、讨论、输出观点的口语表达、口语交际活动，不难看出，相较于"演讲"的事先客观性的准备，"即兴演讲"其实是一种更加主观化的表达，这也就让"即兴演讲"具备了更高的要求和标准。

日常生活中，如果一个人具备较强的即兴演讲能力，就能以从容镇定的状态去应对随时发生的交际场景，也能以精准到位、游刃有余的表达方式解决社交难题，同时收获周围人的认可与称赞。可以说，"即兴演讲"是当下交际场景中的加分项，若能具备出色的即兴演讲能力，不仅能在很大程度上提升个人魅力，还能不断拓宽自己的人脉和信息圈。

为了帮助广大读者更好地理解"即兴演讲"的具体内涵和要求，同时帮助大家掌握"精准表达"的技巧、方法与禁忌，我们特意编写了这部《即兴演讲，精准表达》图书，本书以"即兴演讲"为主题，采用由浅入深、环环相扣的方式编写，书中不仅有丰富的理论知识，还贴心地为广大读者编写了趣味生动的小故事，让大家通过"理论+故事"的阅读模式，更好地理解"即兴演讲，精准表达"的重要内容。此外，书中还绘制了高清生动的插图，力求为广大读者提供眼前一亮的阅读体验，让大家获得更加充实且愉悦的阅读收获。

希望这部饱含诚意的作品可以成为大家了解和掌握"即兴演讲"的重要书籍，也希望大家能通过阅读本书学有所成，更好地提升自己的表达能力和演讲技巧，在今后的交际活动中大放异彩！

张海君

2024.03.01

CONTENTS 目录

第三篇　即兴演讲的十大技巧

第四篇　即兴演讲的八大禁忌

第一篇

即兴演讲是一门学问

　　即兴演讲是一门学问，一门"未出口时，胸中已有沟壑；未成章前，腹中已有文稿"的学问。掌握了这门学问，就可以出口成章，成为别人眼中"谈吐不俗、言之有物"的人。即兴演讲可以让我们在工作、学习、生活中清晰地表达出自己的观点，展露出个人才华，获得更好的机会或更大的舞台。

什么是即兴演讲

即兴演讲是在某种特定的环境下、基于某一类事项或主题而产生的延展、讨论、输出观点的口语表达、口语交际活动。学习即兴演讲，可以让我们掌握其技巧，在应对突如其来的即兴演讲时不慌张、不害怕，能淡定从容地根据学到的思维定式在一段时间内清晰且有条理地展示出自己的观点。

即兴演讲应用的场景非常多，如自我介绍、面试、会议讨论、小组讨论、汇报工作、长辈谈话等。想要在这些看似平凡的场景展示自己的观点和看法并脱颖而出，就要好好研究以掌握其精髓，为我所用。

即兴演讲不就是"想说什么，就说什么"吗？

领导让你讲话、面试官让你介绍，你确定可以"想说什么，就说什么"？

即兴演讲可以展示自己心中的想法，优秀的即兴演讲还能为自己的想法争取到实现的机会，真诚又感人的即兴演讲甚至能在战场上扭转成败。由此可见，即兴演讲作为一门学问，在现实生活中有很强的可操作性和实战性。

春秋时期，晋国和秦国联合，包围了郑国。郑文公召集幕僚讨论应对之策，有人举荐了一个叫烛之武的老人，郑文公赶紧接见了他，并派他去游说秦国。

夜里，郑国人将烛之武从城墙上用绳子送到城外。见到秦穆公，烛之武说："秦、晋围困郑国，我们知道郑国要灭亡了。若是郑国亡了，对秦国有利，那我没什么可说的。但事实上，郑国若是亡了，只会让邻近郑国的晋国更加强大。晋国强大了，秦国就相对弱了。这于秦国而言，有什么好处呢？若是秦国与郑国结盟，郑国成为秦国东来路上的伙伴，是不是更方便秦国呢？世人皆知，你有恩于晋惠公，他曾许诺献上两城作为礼物，可晋惠公清早渡河，晚上就筑起城墙防备你，这样的人，怎么会满足呢？如今晋国要向东扩张就会灭了郑国，以后若要向西扩张就只能去抢秦国的土地了。"

秦穆公一听，觉得十分在理，于是决定退兵。不久，晋国也退兵了。

烛之武只靠一场即兴演讲就使秦军撤兵，在于这场演讲的逻辑性很强，层层递进，指明要害地向秦穆公说明了秦国面临的局面：一、郑国离晋国近，郑国亡了只会让晋国强大，对秦国没什么好处；二、秦国和郑国若是联合，可以牵制晋国；三、晋国言而无信，贪得无厌，并不是好的合作伙伴。烛之武之所以能成功，是因为他说中了秦穆公的痛点：秦穆公想称霸，要防的不是郑国这样的小国，而是实力强大的晋国。

即兴演讲的目的：完成目标

即兴演讲出现在某种特定的情景下，某个人所处的情景一定有这个人在其中所匹配的社会角色，或是会议主持人，或者沙龙中讨论的双方，或是谈判的双方，或是教、学中的双方。那么，在这个特定的情境中，这个社会角色所代表的观点和立场或是想要表达、传授的观点，就是这场即兴演讲中这个人的目的所在。你所演讲的内容，一定是围绕着演讲的目的，要让所说之言能够达成你的目的或者能够助推目的的达成。

我觉得方案 A 要比方案 B 好，因为……

你的思路很对，说服了我。

即兴演讲的思路：层层递进，精准表达

现实世界里，说服对方是一件困难的事情，说服对方去按照你的思路行事更是难上加难。即兴演讲的思路就是要投其所好地去说服对方，其技巧就是要有目标、有层次地让对方陷入你的思维，站在你的角度考虑这件事，并最终用你的思维在他的意识里完成合理的逻辑闭环，做到这一步，你的目标基本就能达成。这就好比双方在战场上对抗，如何攻下对方，一定要有节奏、有步骤，出兵贵在稳、准、狠，要精准攻击，一击即中。

天祥广告公司准备和甲方谈年度推广合作项目，因知晓甲方还有其他两家备选公司，天祥广告公司的总经理感觉压力很大。若是能拿下这

一单，下一年公司营收就有了保障，考虑再三，总经理派出了公司里口才最好的业务经理吕万去做方案展示。

吕万被称为天祥广告公司的"口才王者"，旁人都觉得他能说会道、情商高，其实他对自己的定位很清楚，他并不是说得好，而是能说在刀刃上。

展示方案时，他分三步展示天祥广告公司：第一，没有做简介，而是说天祥广告公司和甲方之前合作几年所创造的价值；第二，讲述了天祥广告公司接下来的重点项目以彰显实力；第三，天祥广告公司报价居中，不是最高，不是最低，但是最具性价比。

最终，甲方被吕万的即兴演讲打动，选择继续和天祥广告公司合作。

即兴演讲的"三段论"

　　即兴演讲往往是在没有充分准备的情况下进行的演说，多数情况下，人们没有草稿，只有腹稿，这就要求人们在极短的时间内能在心中形成一个框架，并迅速地将其用言语表达出来。若要研究一门学问，自是要将这门学问"公式化""简单化"，即兴演讲也不例外。写作文有"总分总"的三段式，同样，即兴演讲也有属于它的"三段论"：一、抛出自己的观点，展示自己的思路；二、有条理地展开；三、强调自己输出的内容，分析利弊

　　不同场合，"三段论"也会有所出入。自我介绍的"三段论"为：基本简介、展开细说自己的能力经验、汇总式分析自身优势。大的原则不变，将你所言所想聚集在三块区域，中间的部分详细展开。

　　新员工小兰入职三个月，最头疼的事情莫过于每周例会。因为部门经理是个特别喜欢在例会上点名的人，每次还不许大家随便说几句，总是强调会议上所说内容"要深刻"。小兰不善言辞，每次被点名，她

只用一分钟就说清楚了自己的工作进度，实在不知道还有什么值得"深刻"去讲的。这也导致每次会后都被领导批评。久而久之，小兰越发不想开会，渐渐对例会产生了恐惧，整日闷闷不乐。

张姐是部门里做行政工作的大姐，她入职十几年，行事磊落大方，为人开朗风趣，部门里的人都喜欢她。张姐是个热心肠，她发现最近小兰每次例会前都愁眉苦脸，于是跑来与小兰谈心。小兰将自己的心事告诉了张姐。

张姐一听，笑道："每次开会被点名，你就当是即兴演讲，套用'三段论'公式就好了，这有什么难的。"

小兰追问："什么'三段论'公式？"张姐说："一、肯定领导的观点，二、详细汇报一下自己的工作，三、展望一下未来或者说说你的工作态度。"

同样的周例会，领导点名讲话，在新员工小兰眼里如临大敌，在经验丰富的张姐眼里却是小菜一碟，两人之间的差别就在于张姐已经总结出了应对这类即兴演讲的方式方法。不同的场景，即兴演讲的"三段论"是不同的，故事中的张姐总结并给出了她的"三段论"。甲乙双方是职场中的领导和下属，站在下属的角度，要对领导尊敬，要用"汇报"工作的姿态，还要表明自己的工作态度。不同情境下，"三段论"要活学活用。

就照着我说的"三段论"去讲准没错！

竟然这么神奇、这么简单？

找准适合你的"三段论"公式

每个人的性格各有不同，如何找准适合你的"三段论"呢？这就要根据自己平时的语言表达习惯设计了。如果一个平日里性格开朗的人忽然在某个轻松环境的即兴演讲中严肃起来，会让人觉得有距离感。若是一个平日沉稳且少言寡语的人在即兴演讲时开起玩笑式的互动，他（她）可能需要承担大家不笑、还十分尴尬的后果。正所谓"不打没把握的仗"，要想在即兴演讲时表现得出色，就需要提前做好准备，在即兴演讲前想一想自己应该表现出什么风格。

小兰听取了张姐的建议，用了一个下午的时间偷偷练习了几遍，等到周例会时，她凭借张姐教的方法，完美地完成了领导的"点名"式即兴演讲。

没过几天，问题又来了。

因为这一年公司效益不错，年底公司举办了盛大的内部年会。抽奖环节，小兰和另外几个同事抽到了特等奖，公司大老板要求众人发表感言。这种"感言"的即兴演讲和"周例会"上的即兴演讲可不是一回事，小兰发现此前张姐教的"三段论"已经不管用了。还好她前面还有几个人发表感言，她还有几分钟时间求助，于是赶紧跑到张姐身边。

　　张姐拍了拍她的肩膀，说道："方法是一样的，要活学活用啊。还是三段论：一、先感谢大老板颁奖，感谢公司给你获奖的机会。二、感谢部门团队、部门领导，细说团队有多努力。三、表态，说自己虽然笨拙，但是努力，希望明年做得更好。"

如何让"三段论"衍生出庞大的体系和丰富的内容

　　有时"三段论"过于简短，无法在充裕的时间里表达出更多的内容，这时候就要扩充"三段论"的结构。你的即兴演讲就是一棵大树，"三段论"是三个主树干，每个树干上可以生长出其他的枝干，枝干上可以长叶子，可以开花。那么，什么是"枝干"？什么是"叶子"？什么是"花"呢？细化和巧用是两个最好的方法。细化"三段论"中每一段的核心，就是"枝干"。巧用举例、讲故事、互动的技巧，让"枝干"上生出"绿叶"来。配上得体的肢体语言和幽默风趣的言语，让"三段论"开出"花"来。

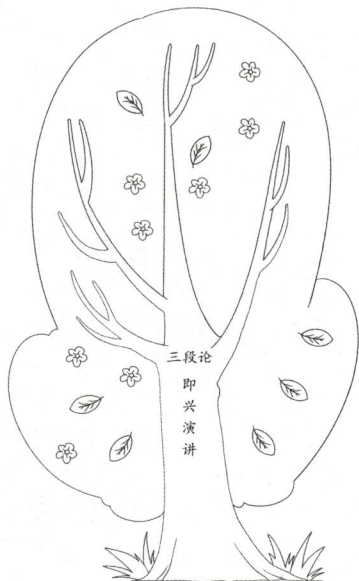

即兴演讲的技巧是什么

好的即兴演讲一定是具有情感、能表达出演讲者的某种情绪的。同时，这样的情感、情绪又能打动在场的听众。演讲者通过语言所表达的情感或者情绪，其实就是一种技巧——用演讲者对于事物的理解和情感去打动人。除此之外，即兴演讲的技巧有很多，当演讲者站在讲台上或者所处的位置上将要说话时，他（她）的站姿、表情、手势所传达出来的肢体语言可以成为技巧；当他（她）开始说话时，言语的生动性、语速的快慢也可以是技巧。技巧有很多，需要我们在不断地练习和实践中去挖掘。

每个人都可以有自己的演讲技巧，不过有一点是对于所有演讲人都具有约束性的技巧，那就是观点无害论。所谓观点无害，就是指演讲者的言论应该是"三观"正确的，不违反法律法规的。

周五下班后的团建聚会上，大家吃得差不多了，开始喝酒聊天。

酒过三巡，业务部的张三开始和新员工小赵聊天。张三问小赵："领导A和领导B你更喜欢谁？"小赵一听，心里有些慌张。领导A是他的前领导，现在是行政二部的总经理，领导B是他现在的领导，是行政三部的负责人，张三也许只是八卦而已，但是这个问题很难回答，是个一不小心就会得罪人的问题。

他没有立刻回答，而是举起了酒杯，和张三喝了一杯。在这期间，他想到了答案，说："说领导，怎么能用'喜欢'呢？应该说尊敬。两位领导都是我特别尊敬的领导。"张三一听，觉得小赵这人有意思，就对桌子对面的领导B开玩笑道："你们部门的小赵可真能干哪，比你当初可强多了！"在领导B还没反应过来如何回答时，小赵就说："强将手下无弱兵，是我们领导教育有方。"

别人提问时，很多时候"实话实说"并不是"最佳答案"，因为我们要顾及现场的情况、周围人心里的想法。譬如故事中的小赵，如果实话实说"喜欢"某一个领导，那一定会得罪另一个领导，他的回答里，将"喜欢哪一个"的问题改换了概念，换成了"尊敬"，这样就减弱了原问题里的"针对性"，又说"两个领导都尊敬"，四两拨千斤地回答了问题，又没有得罪任何一个人。

即兴演讲的技巧：1.肢体语言的妙用

每个即兴演讲的演讲人都会用到的技巧就是肢体语言，说话的时候，动的不只是嘴巴，还有身体的其他部分，比如伸开的手掌，轻颔的下颌，摇着的头等。这些肢体语言都紧紧贴合着演讲人说话的内容。除此之外，肢体语言的利用，可以将在场人的思绪拉到演讲中，可以让人聚精会神地倾听。另外，演讲人的语速节奏也是一种技巧，快慢有度，可以跟着所讲内容去调节，让听众跟着自己的节奏走。

3月，华新公司组织新员工培训会。这一日中午吃过饭，新员工在会议室坐好，准备开始进入接下来长达5个小时的培训。大家都很困，因为时间安排得十分紧凑，他们吃完饭还没休息，就迅速赶到了会议室。

负责下午培训的是十分专业的周老师。周老师看出大家困倦，于是刚进入教室，什么话都没说，就拍了三下手掌。

大家被掌声吓到，都清醒了不少。周老师这才笑着说："大家都看向这里，我来做个自我介绍！"而后，周老师又让大家都站起来，做了一个十五分钟的热身小游戏，让每个人都回头，和身后的人做个简单的自我介绍。热身游戏结束后，大家再次坐到自己的座位上时，都精神了。

这天下午的培训虽然有5个小时之久，可因为其间做了很多有趣的互动，大家并没有犯困，也没有觉得无聊。课程收到了非常好的反响。

即兴演讲的技巧：2.抓住重点

即兴演讲的技巧有很多，但是技巧所服务的一定是演讲的核心——内容或观点。那么，最务实的技巧是什么呢？是抓住即兴演讲的内容重点。这个"抓住重点"可以归结为三个问题，当你对于自己的即兴演讲有些迷茫，不知道该怎么围绕核心展开时，就要想一想这个技巧——抓住重点：你在讲什么？你的目的是什么？你准备说的所有内容是不是都在围绕着这个重点？

即兴演讲如何打腹稿

打腹稿的方式有很多种，可以总结为：绘画法、手写法、默念法。绘画法就是把想法描绘成一幅画或者流程图，若是想实现某种目的，可以将心中蓝图用语言描绘给在场的人听。手写法是将自己提炼的重点记录在纸上，可以标序号、分条目，也可以记录下关键词。默念法是将前两者的任意一种或全部想法放到脑海里，默念出来。具体使用哪种方法，可根据个人习惯，也看所处的地方是否有纸笔。很多时候，大家身边并没有纸笔，这时可以借助手机的记事本或者其他软件来完成梳理腹稿的任务

腹稿的意义在于梳理自己的观点或内容，以便在演讲时可以逐条展开去详细解读。腹稿好比即兴演讲的骨骼，有了骨骼之后，才能在骨骼之上添血加肉，将内容完善并呈现出来。

成语"胸有成竹"出自宋朝苏轼的《文与可画筼筜谷偃竹记》。

该文是苏轼在文同死后写的一篇纪念文同的记，里面记录了文同（字与可）的画竹之事，还有两人间关于竹子的趣事。文同最擅长画的就是竹子。苏轼说文同曾教他画竹子，说："必先得成竹于胸中，执笔熟视，乃见其所欲画者，急起从之，振笔直遂，以追其所见，如兔起鹘落，稍纵则逝矣。"不过苏轼说自己虽然明白其中的道理，却是如何也画不出来。

文同画的竹子，在当时可谓"洛阳纸贵"，风行一时。许多人慕名拿着丝绢来找他，只求能得一墨竹图，制成扇子或装裱成画。文同不以为然，还曾生气地将那些丝绢丢掉，说："我会拿这些丝绢来做袜子！"

为什么文同画的竹子如此传神，受到追捧呢？因为文同对竹子十分了解，苏轼曾有诗记"料得清贫馋太守，渭川千亩在胸中"，说文同不但爱赏竹、画竹，还爱吃竹子。

"胸有成竹"说的是画画，同样，也可以用于即兴演讲。文同教苏轼之法，画竹时，竹子的样子已经在心里存在了，快速抓住这样的感觉，将竹子画出来。这里的技巧就是那句"急起从之，振笔直遂"，抓住稍纵即逝的感觉，我们可以称之为"灵感"。画画需要抓住灵感，即兴演讲前打腹稿，也要抓住腹稿的灵感。有了"灵感"就需要第一时间记录下来，以求在之后的演讲中做到"胸有成竹"。

> 说话之前，我得先打腹稿，做到胸有成竹。

"打腹稿"是需要练习的

若非天才，背书需要勤劳，学习需要刻苦，要想了解某种学问，必是要付出时间和精力的，打腹稿的练习也是如此。练习打腹稿有两种简单的途径：一、观察别人。当别人在演讲时，捋清别人的思路，列出重点信息，并思考，若是自己来做同样的演讲，需要怎么说。二、日常练习。例如平时看电视、刷视频、做事情时，可以记录一下觉得不错的观点或别人的应对之法，以待日后将这些应用于自己的演讲中。

"初唐四杰"之一的王勃曾写下千古名篇《滕王阁序》，其中"落霞与孤鹜齐飞，秋水共长天一色"是千古名句。能写出名篇的王勃，不过二十出头，对于写文章，他有着自己独特的"打腹稿"方法。

王勃虽然官运一般，接连被贬，但是文章的名气很大，很多人都找他写文章。收了旁人的润笔费，自是要好好构思一番。一般这个时候，王勃并不是直接提笔在纸上写草稿，而是拿来砚台，磨好数升墨，而后离开长案。据说他会躺到床上去，用被子将脸盖住，闭上眼睛，好好思考。当文章在心里成型之后，他会猛地掀开被子，赶忙下地，跑到长案前，奋笔疾书，一口气将文章写完。

这样写出来的文章往往不需更改一字，便可以直接交稿。虽然王勃"打腹稿"的方式有些特殊，但足以见得"打腹稿"的重要性。

"打腹稿"需要擅长总结

没有成功是一蹴而就的，都需要不断积累、不断总结。总结哪种"打腹稿"的方式更适合自己临场发挥，总结什么样的场合适合什么样的"打腹稿"方式。譬如，我们在工作、学习、生活中，因为充当的角色是不同的，所以在不同的场景中所使用的"打腹稿"方式是不一样的。时常练习，找到适合场景的"三段式"打腹稿方式，好好把握每一场突如其来的"即兴演讲"。

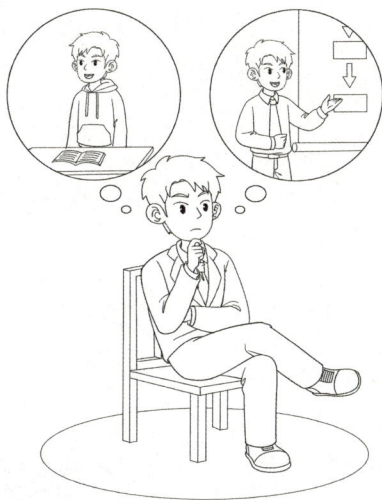

如何在即兴演讲时精准表达自己的想法

若想精准表达想法，那一定是所表达的内容是发自肺腑的真实所感、所想。由此可见，真诚一定是表达最基本的要素。只有真诚的内容，说出来时，才会有人相信。若是自己输出的观点或内容，言语中带着不确定的词汇，表达时神情不够自信，如何让听者相信呢？即兴演讲时若是观众毫无反应，毫无共鸣，甚至于不相信，那这绝对不是一场好的即兴演讲。抛掉不确定的词汇，坚定你的想法，锁定关键词，充满自信地演讲，才能够精准地表达出你的观点。

在即兴演讲中，如何精准表达呢？

想一想，如果用最少的词汇来说明你的想法，会是哪几个？

精准表达是即兴演讲的灵魂，如果演讲人自己都不知所云，那么听众如何能明白演讲的内容呢？怎么才算"精准"？以最少的词、最少的语言，说明核心内容，就是"精准表达"。

春秋时期，齐国大夫晏子作为使臣出使楚国。楚王很不友好，故意让人为难晏子。晏子刚要进城，接待的人以晏子长得矮为由，不让晏子走正门而走小门。晏子知晓这是楚王在羞辱齐国，于是说："出使狗国的人才走狗门，我出使的是楚国，不该走这个门。"于是接待的人将晏子从正门请了进去。

楚王知道晏子的厉害，于是早早安排好了人，打算羞辱晏子一番。宴席之上，楚王正与使臣喝酒，侍卫绑着一个罪犯到了堂上。楚王故意问："这人是谁？犯了什么罪？"侍卫说："这是个齐国人，犯了偷盗罪。"楚王问晏子："齐国人擅长偷盗吗？"晏子回道："臣听闻，橘生淮南则为橘，生于淮北则为枳。为什么会这样呢？因为水土不一样。百姓生在齐国不偷盗，到了楚国就变成了偷盗之人，难道是因为楚国的水土会使人变成偷盗之人吗？"

面对楚王的挑衅"齐国人擅长偷盗吗"，一般人的回答会是"齐国人不擅长盗窃"，这样的回答只有两种结局，要么双方陷入争执，要么来者被驱逐出去。这样的场景，不就是考验晏子即兴演讲的能力吗？晏子举了一个例子，一个很准确的例子，让所有人都无可指责的例子，说"橘生淮南则为橘，生于淮北则为枳"，四两拨千斤地将问题回答了，同时，把矛盾抛给楚王。这个例子恰到好处地为齐国解了围，也精准地表达了晏子的想法。

如何证明你说得对？

有很多现实的例子哦，别人都是这么做的。

擅长用案例来佐证自己的观点

很多时候，直接抛出自己的观点或者答案很难服众，那就需要使用案例或比喻。案例的存在是为了成为佐证观点的材料，来证明演讲的观点。比喻的目的是让听者能更明白演讲者想要表达的内容。两者都是为了"精准表达"而使用的技巧。"真理越辩越明"之"辩"字，道出了表达的精髓。如何"辩"？古人"辩"理，会引经据典，一如我们现代人所说的"举个例子说明问题"。

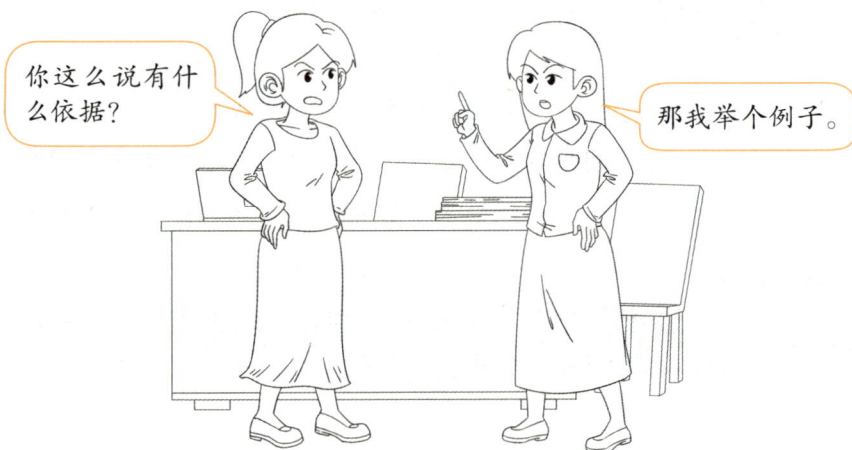

你这么说有什么依据？

那我举个例子。

周末，小雨去网红咖啡馆喝咖啡。她此前在手机上看过很多关于这个咖啡馆的介绍，很是喜欢里面的环境，于是特地绕了半座城，和好朋友小丽约好打卡这家咖啡馆。好在这天咖啡馆里人不多，小雨和小丽点好咖啡之后，就拿着手机拍照。

店里的服务员走过来，将咖啡摆在桌上，问："两位需要加点儿下午茶吗？我们店里的小蛋糕不错。"小雨看了看餐牌上的价格，觉得有点儿贵，没有点。服务员走到收银台，和收银的人小声说："蛋糕都点不起，真没见过世面，拍照拍半天了。"从洗手间出来的小丽路过，刚好听到了这一句。小丽生气地质问："你说谁没见过世面呢？"小雨听到后，将小丽拉回座位上。小丽告知小雨方才服务员说的话，小雨劝她："不要生气，看我怎么回她。"

而后小雨去买单时，同服务员说："拍照是为了记录我的日常生活，同样，端咖啡是你的日常生活。"

精准表达就是要抓住关键词

生活中会遇到很多情形，是没法通过"你问我答"的方式来解决当下困境的。很多时候，当你遇到别人提问的问题让自己觉得难堪、难过、困惑时，不要将这个问题当作一个"必须要有答案"的问题来回答，可以换一种思路，将问题抛回给对方，或者找出关键词，指出对方的不友好。如此看来，是不是觉得生活中"即兴演讲"的场景其实很多。学会精准表达，不仅可以用于正式场合的"即兴演讲"，也可以用于日常生活中的"即兴演讲"。

没见过世面，拍什么照？

好好端你的咖啡，就如我在好好拍照。

场合决定演讲风格，什么场合说什么话

不同的场合给即兴演讲框定了不同的风格，比如面试，面试官要求你做个自我介绍；文化沙龙间，主持人让你分享一下近期的读书心得；公司会议上，领导让你分享工作经验；酒局上，合作伙伴让你说说未来的合作展望；招标会上，你需要给甲方展示一下方案的特色……以上都是平时工作生活中常会遇到的场合，也是"即兴演讲"给演讲人出的"考题"。假设这些场合被同一个人经历，他的演讲风格会分别是什么样呢？有一点是毋庸置疑的，同一个人在这些场合的演讲风格一定是全然不同的。

因地制宜也是"即兴演讲"的特点，场合决定了演讲的风格，要注意——不同的场合，说话的方式不同，风格也不一样。随之而变的，有演讲者的语言风格、语速、肢体语言、表情管理等。

三国时期，曹操对战蜀军，陷入困局。这场战役若是继续打下去，未见得胜利，还会耗费很多时间和粮草。但若是收兵回去，曹操又担心被人耻笑。迟疑间，刚好到了午饭时间，士兵上的菜品中有一道鸡汤。曹操拿着勺子舀了一勺，看见勺中的鸡肋，正巧夏侯惇入军帐，问这一日军队的口令。曹操看着汤勺，想着眼下的这场战役，感叹了一句："鸡肋，鸡肋……"夏侯惇于是告诉士兵，口令是"鸡肋"。

曹操麾下的主簿杨修是个极聪明的人，他一听口令是"鸡肋"，就让身边人收拾行囊，准备回都。这话一传十，十传百，很快全军都收拾起了行囊。夏侯惇得知后，赶忙跑去问杨修这是怎么回事。杨修故作聪明道："鸡肋，食之无味，弃之可惜。主公表面说'口令'，实际是在说'这场仗'实在是没有打下去的必要。"

不多时，这话传到了曹操耳朵里。曹操出营帐，见士兵都在收拾行装，军心动摇，不禁大惊失色。于是叫人捉了杨修，枭首示众。

战场之上，在主公进退两难时，身为幕僚，应该振奋军心，帮主公排忧解难，而杨修却在此时自作聪明地打了退堂鼓。在你死我活的战场上令军心不稳，这怎么能行呢？在不对的场合，说了不该说的话，这是杨修惹来杀身之祸的原因。

说实话有错吗？

说错场合当然有错。

即兴演讲的语言应该服务于场合

《庄子》里说"夏虫不可语冰"，意思是不要和活在夏天的虫子说冬天的冰，现在引申为认知不同的人或者知识层面不同的人，很难说到一起去。同样，其实"夏虫不可语冰"也可以应用于"即兴演讲"。如果在一场即兴演讲里，演讲人说的内容是听众所完全不理解的，或者是超出听众的认知的，除非这是一场特殊的"传道授业解惑"，否则很难将之称为一场好的演讲。即兴演讲的语言应该是服务于场合的，演讲人表达的内容要让在场的人能理解，甚至感同身受，产生共鸣。

阿明结婚的时候，邀请了大学时期的同学。婚礼上，主持人配合音乐，将新郎新娘的爱情说得十分动人，在场不少人都感动得流下了眼泪，包括阿明。婚礼的流程结束后，阿明带着新娘到各桌敬酒，等轮到大学同学这一桌时，不少人都喝多了。

原本大家一边喝酒一边说着上学时的趣事，有说有笑，场面非常轻松。席间，大鹏忽然说了一句："你今天怎么哭成狗了？上一次看见你哭成这样，还是你失恋的时候……"场面顿时变得异常尴尬，包括新娘在内的所有人都停止了笑声，各个不知所措。这时候班长起身给新娘敬酒，说："我得给阿明解释一下，那次阿明喝多了，说的是

'失联'，大鹏听错了。是你出差了，两天没跟阿明联系，他担心你才喝多的。"

即兴演讲的内容服务于听众

面对不同的受众，演讲人的语言习惯和内容都应该有变化。如果这场演讲的受众是孩子，那演讲人就要提前做调研，孩子是哪个年龄段。同样是孩子，小学生的理解能力和知识面与大学生是有明显差异的。而听众若是幼儿园的孩子，演讲人的语言、语速都应该有所调整，应更适合那个年龄段孩子的理解能力和理解方式。譬如演讲人要举个例子说明思乡之情，若是给小学生演讲，可以说"举头望明月，低头思故乡"，若是给高中生演讲，则可以说"乡书何处达，归雁洛阳边"。

如何善用并巧用互动

很多即兴演讲的时间比较长，长时间的即兴演讲很容易让听众疲倦，或产生走神、分心的情况，使演讲的效果大打折扣。有的即兴演讲是在公开的场合，若是演讲不够有吸引力，很可能会遇到听众逐渐离开的情况，对于较长时间的即兴演讲，要如何让听众专心听讲呢？互动是个好方法。互动的方式有很多，例如提问，一对一的问答形式；或者开放式互动，提出一个多选题，让不同的人来说自己的选择及想法；还可以是全员参与的互动形式。互动方法多种多样，重点在于巧用互动，让互动与即兴演讲相辅相成。

有这种情况的，麻烦举手，我看看有多少人。

互动的方式、方法、内容都是多种多样的，关键在于符合即兴演讲的场合和风格。这也就是为什么在说"互动"时，要提到"巧用互动"。互动若是做不好，也可能给演讲拖后腿。

一节培训课上，刘老师跟大家展示认知的差异性。刘老师先是做了一个调研，让大家对"你认为你和周围在座的同学之间的认知差异大吗"进行选择。其中，95%的人选择了"差异性不大"，另一个答案"差异性很大"几乎没几个人选择。

刘老师没有对这个选择进行解析，只是让大家记住这个答案，而后开始了他接下来一个小时的课程演讲。

一小时后，刚好是大家吸收知识比较倦怠的阶段，刘老师给大家20分钟休息时间。而后再上课时，做了另一个小互动。刘老师将自己的钱包给一个同学看过后藏起来，让那个同学形容钱包的样子，而后让大家动手把自己所想的钱包画出来。五分钟后，大家拿出各自的画，互相看，发现听了同一个人的描述，大家在纸上所呈现的钱包完全不一样。这时候刘老师又提起了课堂最初的问题："你认为你和周围在座的同学之间的认知差异大吗？"

故事中的老师在课堂上巧用了两个互动，第一个互动提出了他这场"授课演讲"的观点，提出的方法并不是平铺直叙，而是以一个"调查问卷"的形式抛出来。这样的互动十分活泼，也为课堂增加了些许"神秘感"。而后，在他进行了一段授课后，发现学生们有些疲倦，于是中断了演讲内容，让大家放松一下，进行了第二个互动。第二个互动十分巧妙地调动了所有人的情绪，同时完全符合授课内容。

醒一醒！让我们来做个小游戏吧！

什么游戏？

内容互动要有参与度

即兴演讲中的互动不同于团体活动中的互动，团体活动中的互动多数带有任务和使命，是必须完成的，而即兴演讲中的互动更强调参与感。这就使得演讲之人要注意互动的内容要有参与度，起码是绝大多数听众感兴趣的内容，或者说是大家都了解的内容。如果互动的内容是大家都不知晓的，很容易使场面陷入尴尬。如果互动的内容是让多数人内心都抗拒的，那这样的互动绝对不是好的互动。

某建筑研究所最近接了一个酒店改造项目，甲乙双方在业务碰头会上讨论改造的风格。双方各派了十个人到场参会，整个会议室坐了二十个人，原本按照顺序一个人一个人地发言。到了设计师王蒙那里，他忽然突发奇想，说了一个此前没有和同事商量过的方案。这让同组的人都很惊讶，好在眼下处于初步讨论阶段，还能理解。

他的这个方案太过小众，在场的人绝大多数没听过，忽然甲方的赵经理站了出来，手舞足蹈地表示，王蒙的设想和他的如出一辙。两人于是热火朝天地聊了起来，将在场的其他人当作空气。十分钟后，两个人还在侃侃而谈，其余的十八个人面面相觑，不知该做什么。会议一度陷入僵局。

巧用互动要掌握度

在即兴演讲中互动主体是演讲人和听众，若是互动成了演讲人和某一个人的互动，或成为听众和听众的互动，那这样的互动就是舍本逐末的。巧用互动的关键是要掌握好度，不能让互动成为主角，而演讲成为配角。这个"度"要怎么掌握呢？如何确定自己的演讲中，互动的"度"是合适的呢？

一、检查互动的时间是不是太长，原则上不要超过演讲十分之一的时间。

二、确定互动的内容是否围绕着即兴演讲的主题展开。

今天的主题是"如何减少内耗"。

那为什么说了半个小时的茶道？

打动人心的关键是引起共鸣

好的演讲一定是能打动人心的演讲，因为只有打动人心的演讲才能引起听众的共鸣。如何让自己的即兴演讲打动人心且引起听众的共鸣呢？一、言行合一，自己所说的内容一定是自己相信的，自己能够做到的。二、打动自己，才能打动别人。在即兴演讲打腹稿时，腹稿就是"打动"自己的内容。三、真诚且谦卑。真诚是说服别人的必杀技，同样，也是即兴演讲的必杀技。真诚是一种态度，谦卑是一种姿态，保证好的态度，柔和的姿态，自然容易让听众进入你的世界，并产生共鸣。

我自己也时常这么觉得……

说得好！我也这么觉得。

即兴演讲的演讲人要时刻提醒自己这场演讲的目的是什么，核心是什么。演讲人所说的话语一定是服务于目的和核心的。只有一直抓住你的目的，才能让内容感动听者。

一位女企业家在某社交平台开了一个账户，分享自己的成功学。最开始的直播，效果并不好，因为总有人留言，说她所分享的成功学是基于她的出身好、起点高，其实和个人努力没有什么关系。

女企业家逐条看了所有的评论，开始复盘并检讨。显然，她在前几次直播中的"即兴演讲"是失败的，她所想要阐述的观点与实际达到的目的大相径庭。

经过不断反思，女企业家发现了问题所在。她在直播时使用的案例和所说的内容都比较小众，很难和大众产生共鸣，于是她转变了思路。

后来，女企业家在直播时，开始和网友们谈论从前上学时努力的情景。她举了一个例子，说那时候为了提高英语成绩，她苦练英语单词，夏天最热的时候，大家都会买冰镇汽水解暑，她不买。她规定自己只有背下来一页单词才可以喝汽水。

这样的小故事非常接地气，让很多网友产生了共鸣，她的粉丝一下子就多了起来。

有句俗语说"方法总比问题多"，遇到问题时，要找准问题的症结点去突破，争取求同存异，只要有诚意、有诚心，总会找到一个点，让别人同意你的说法。很多时候，打动别人的那一个点往往就是你站在别人的角度，考虑他们的想法的那一点。演讲者站在听众的角度去解说问题，演讲者帮听众去找寻方法，演讲者替听众释放情绪，做到这三点，必然会让听众产生共鸣。

这个人讲得太好了！他所说的就是我心中所想的！

演讲听得我热血沸腾！

没有感动任何人的演讲是失败的

试想若是一场即兴演讲，演讲人慷慨激昂，听众毫无感情、麻木异常，那将是多么可怕的场景！演讲人只感动了自己，无法打动对方，双方没有产生情感、情绪的交流，而是鸡同鸭讲，那显然是一场失败的即兴演讲。即兴演讲是一种信念感极强的演讲，演讲之人首先要感动自己，说出的是真情实感，表达的是切实情绪，这样才可能打动听众。只有打动了听众，才可能引起共鸣。

他说的内容无法打动我。

我也觉得很无聊。

某教育平台组织了一场教学展示PK赛，让不同地方的老师来展示自己的创意课程。

刚巧在同一天，有两名语文老师上传了同一个选题，都是解析李白的《行路难》。

第一个老师采用的是中规中矩的讲解方法，将诗逐字逐句讲解了一遍，并用课堂的最后十分钟，再三强调了"这个是必考句""这个一定要背下来""这个是重点中的重点"。

另外一个语文老师，开篇没有提诗文，只是说："今日，我来给大家讲一个故事。"她从李白被唐玄宗赐金放还开始讲起，而后说李白的心境是有抱负无法施展，人生到了迷茫的转折处，而后话锋一转，提到了诗文中的原句"欲渡黄河冰塞川，将登太行雪满山"。顿时跳出了无数条弹幕，都在为这个老师鼓掌，因为她的演讲让听课之人感同身受地明白了作者李白当时的处境，大家因此而产生了共鸣。

你所感动的，刚好也打动了别人

同样的一个目的，因为演讲之人语言表达方式方法的不同，会产生很不一样的反响。常有人说"说话是一门艺术"，即兴演讲就是将这门"艺术"展现得更为淋漓尽致的说话方式。你所感动的内容，因为你用言语表达出来，刚好也打动了别人，别人听后产生了共鸣，这就是说话这门艺术的魅力。

鼓掌！老师这么讲，我立刻会背了！

太精彩了！

第二篇

是表演，是展现，也是一种真诚流露

很多人都曾发出这样的疑问：即兴演讲是不是一种表演呢？既然即兴演讲里有一个"演"字，那即兴演讲中必然包含着"演"的部分，只是不同于传统意义上的"演戏"，即兴演讲里的"演"更多是演讲人精神面貌的展现和情绪的传达。演讲人的精神面貌、所传达的情绪都是"演讲"的一部分，同时，也是演讲人真诚的流露。

如果即兴演讲是一种表演

即兴演讲里的"演"指的是"演说",指明了即兴演讲里所说的内容带有表演的性质。表演是通过不同的艺术表现形式(戏剧、相声、舞台剧、电影等)和舞台方式来展现作品,作品在表演之前就已经存在,表演者根据自己的理解展现出来。而即兴演讲就是演讲人的作品,很多情况下是演讲人即兴创造出的内容,表达方式是通过语言讲出来。即兴演讲里有"表演"的成分在,但是又不等同于表演,即兴演讲中,"表演"和"讲话"同样重要,最终表达方式是落在"讲"上。在某些场景下,即兴演讲也是一种表演的方式。

即兴演讲是一种表演吗?

站在舞台上,台下有观众,当然是。

即兴演讲和表演之间存在很明显的差别,即兴演讲需要演讲人表达自己的观点,而表演中的演员所表达的是剧本创作的观点,虽然带着演员的情绪和理解,但是那些观点属于剧本。

阿伟是一名业务经理,因为去年成绩十分突出,被公司总部选为

"亮点事迹"，让他在公司年会上给所有员工分享一下他的经验。阿伟从没在众人面前演讲过，对于这份荣耀，他有些紧张，于是就去找他的前领导——王老师请教。

王老师已经退休，如今在老年大学挂职。王老师让阿伟展示了一遍他即将分享的内容，又问了他年会那天打算穿什么衣服。听后，王老师叫阿伟坐下来，语重心长地说道："与其说这是一场业务经验分享会，不如说这是一堂课，公司领导选中你，希望你的成功是可以复制的，别人可以学习并在将来可以为公司创造更多的价值。"

阿伟忽然觉得自己任重而道远。王老师继续道："作为这个分享会上的老师，你的衣着、谈吐，甚至是仪态都是这堂课、这场分享会的一部分，你应该把它当成一场表演。"

很多行业都有制服，如警察、空姐、超市导购、保险经纪等。行业制服就是一种外在塑造的手段，能够让人一眼就看出穿着制服的人的身份，从而在身份上给予一种社会认可，或者说是为穿上制服的人定制了一个标签。即兴表演中的"演"也是这样的一种标签，好比让演讲人穿上了"制服"，自带一种说服力。生活中，工作人员穿上工作服，人们就会信任他（她）。即兴演讲的演讲人披上"演"的"制服"，会让听众更加信服——"现实确实如演讲者所言，这很有道理"。

这场演讲实在是太感人了！

简直像是一场演出。

即兴演讲可以是一种表演

即兴演讲可以是一种表演，演讲人可以带着表演、演说的状态去展示演讲的内容。表演的演员却不能用即兴演讲的方式去表演。两者间的差别，不只是形式、剧本的不同。即兴演讲要有真诚的情感，演讲人所说的内容，要有真实的东西必须有演讲人真实的想法在里面，表达的是演讲人的情绪和价值观。演讲人所说的话、所阐述的观点，若非是自己的真实体验，是很难让听众产生共鸣的。

他说的内容太假了，我敢肯定他一定不了解。

看来这个演讲者说的是假话。

李奶奶去参加一个养生推介会。推介会上，白医生给大家介绍了他们科研中心研究了十年的降糖神药。白医生说："这个药是中西合璧的，去掉了西药中的副作用，增加了中药里养生的成分，大家拿回家放心吃，吃三个月可以控制住血糖，吃半年可以调养身体。我这里有很多糖尿病痊愈的案例，都可以分享给大家。"李奶奶早年患有糖尿病，每天都要吃药控制血糖，除此之外，很多好吃的水果、美味的蛋糕，虽然她很想吃，却为了控制血糖不得不放弃。听白医生这么说，李奶奶动心了。不过她想起居委会再三强调，谨防诈骗，于是就向白医生要了药品的简介，问了价格，发给儿子问一问。儿子一看，这就是骗人哪，他让李奶奶立刻回家，并向居委会举报了这类坑蒙拐骗的活动。

即兴演讲里的表演应该更真诚

　　演员在表演一部戏剧、舞台剧时，所展示的是别人的人生、剧本里的故事情节。演讲人在做即兴演讲时，说的是自己的观点。若是会讲故事、举例子，演讲人所说的也是基于这个故事、例子而产生的自己的想法，输出的是自己的观点。综上所述，即兴演讲里的表演，与常规意义上的"表演"是有差别的，即兴演讲里的表演应该更真诚。演讲人所传达的情绪应该是真实的，所输出的分析、价值观都应该是基于自己的真实认知。

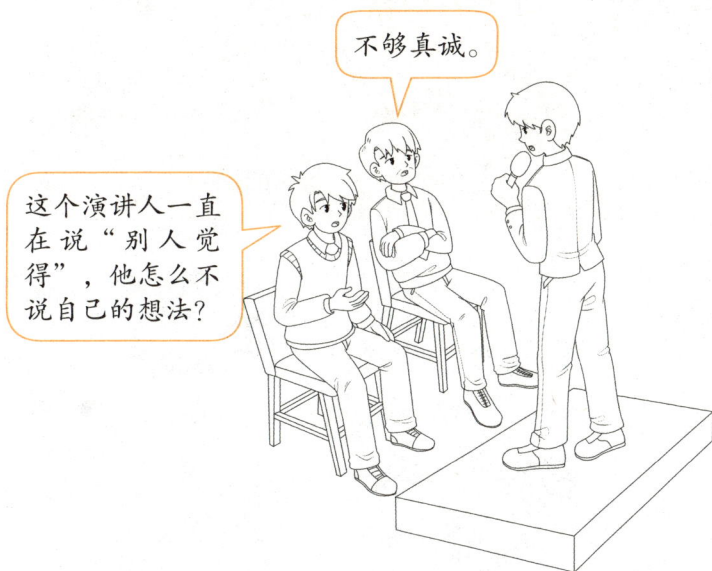

> 不够真诚。

> 这个演讲人一直在说"别人觉得"，他怎么不说自己的想法？

即兴演讲是一种展现自我想法的途径

即兴演讲的魅力在于，很多时候这样的演讲是突然抛过来的机会，让人没有过多的准备时间，如何说，只靠在短时间内形成的"腹稿"，然后直接说出自己的观点。虽然没有足够的时间演练或者彩排，但是这确实是一个难得的机会，一种展示自我想法的途径。很多时候，灵光乍现的观点，其实就是演讲人的知识点、为人处世的高光点的展现。从而让其他人通过这样的演讲，对演讲人发出赞许，或刷新对演讲人的认知。生活中的即兴演讲随处可见，也许只是旁人对你的一个提问，若是掌握了即兴演讲这门学问，就能时时获得展现自我的途径。

有时候机会就在你面前，一定要仔细观察，主动抓住。而抓住的方法，很多时候就是用言语表达自己的想法。

春秋时期，秦军大胜赵军，并打算乘胜追击，灭了赵国。秦军兵临城下，围困赵国国都邯郸城，赵王很害怕，正面迎敌一定打不过，于是派平原君去楚国搬救兵。

平原君受命于危难之际，于是他召集了门下所有的幕僚，"如今大敌当前，赵国十万火急，我们要去楚国搬救兵，我要选二十人同行。"平原君根据门客不同的特点和才华，筛选了一番，最终只选出了十九个人，还差一个人，他惆怅地说道："怎么还少一个呢？"

正在这时，毛遂站了出来，说："平原君，不如带我去吧。"平原君很是迟疑，这个毛遂，平日在府上不怎么爱说话，平原君有些拿不定主意，就问："你来府上多久了？"毛遂说："三年。"

平原君又说："贤者如放在袋子里的锥子，锥子的尖会露出来。三年都未曾让我记住你，你如何说服我带上你呢？"毛遂说："所以这一次，我请求平原君将我这把锥子放到你的袋子里。"平原君这才发现毛遂非一般人，于是将他带上，去了楚国。

当平原君问毛遂到府上多久了时，其实已经暗暗给出了答案：他根本不记得幕僚中有这么一号人物。在平原君心里，觉得这个人的才华和学识一定很一般。如今秦兵已经围在邯郸城外了，是国家生死存亡的重要时刻，自己要选择有能力的人出使楚国，怎么能带毫无印象的人呢？于是，平原君举了锥子的例子，回绝了毛遂。站在旁观者的角度，这就如同给了毛遂一个即兴演讲的考题——如何说服平原君带自己出使楚国。毛遂抓住了这次机会，就着平原君的例子给出了很好的回复，因此获得了机会。

掌握即兴演讲，掌握说服别人的技巧

即兴演讲与"舞台演讲"的不同就在于"即兴"两字，将演讲圈定在一个较短的准备时间里。很多时候，即兴演讲藏在生活中的各个场景里。如面试时，面试官第一个问题往往都是"来做个自我介绍"，如开会时，领导会突然来一句"你怎么看"。与这两种情形相似的场景很多，其实都是一场即兴演讲的机会。掌握了即兴演讲，能够做到时时刻刻输出自己的观点，展现自我的想法，也就掌握了说服别人的技巧。说服面试官录用你，说服领导，让他（她）觉得你很优秀。

平原君到了楚国，楚王将其请到殿上就座，聊了半日，并没有要出兵的意思。平原君十分着急，殿外站着的幕僚也很着急。平原君没法和幕僚们商量计策，只能自己反复回答楚王的疑虑。

眼见楚国出兵的事情就要凉了，毛遂跨上台阶，大吼："如今你们所谈的事情就是楚国要不要出兵，这么简单的事情，为什么说了这么久？"楚王不悦，问："这是谁？"平原君说："这是我的门客——毛遂。"楚王生气道："我和你的主公说话，有你什么事，退下！"

毛遂将手按在宝剑上，朝着楚王走了几步，说："如今剑在我手，我与楚王相距不足十步，楚王的命，在我手里。"楚王见平原君的门客都如此有胆量，不禁佩服。毛遂又说："如今秦军攻陷了楚国很多城池，与赵国合纵，也是为了楚国的基业，大王有什么可迟疑的呢？"

于是楚王同意出兵帮助赵国。

快速分析利弊，为自己争取机会

即兴演讲出现在生活场景中，往往需要演讲人快速分析所遇到的问题，尽快给出答案。即兴演讲需要思路清晰、逻辑在线，掌握了这两条，可以帮助我们快速分析。应用时，具体应该怎么做呢？面对问题，迅速拆解，将利弊分清，再给出自己的看法。在掌握了即兴演讲这门学问后，随时为自己争取机会，并不是一句空话。

好的一面是……
坏的一面是……
所以我觉得，应该这么做……

我现在立刻、马上要知道这件事情应该怎么做！

即兴演讲制胜的法宝是什么

　　每一门学问经过人们不断地研究，都会被提炼出精华，精华就是"制胜法宝"。即兴演讲也是有制胜法宝的，那就是明确的主题和真诚的态度。有了"制胜法宝"，勤加练习并游刃有余地使用，就可以在即兴演讲中发挥法宝的能量。一、明确主题，即明确演讲的主题，也是明确演讲人所要表达的内容，若是演讲人都不知晓自己的话要围绕什么主题展开，怎么可能让听众产生共鸣呢？二、真诚的态度，这是做事做人的必杀技。若是在演讲中谎话连篇，夸大其词，只会让听众觉得演讲者讲得太假大空，没有输出真实的想法。

演讲也有"法宝"？

明确主题，态度真诚。

　　珍惜每一次即兴演讲，这是一种历练，也是一个展现自我的机会。这就要求演讲人把"法宝"放在心里，保持讲话不跑题，保证态度真诚，输出有道理、正能量、"三观"正的内容。

　　小明被选为公司主播。这天，小明要销售公司的两款洗衣液，都是目前推出的新产品。他做好了功课，极力在直播间里讲解这两款洗衣液的优点。

有消费者问："那主播说一说，这两款洗衣液哪个洗衣服更好用呢？"小明回答："我觉得……"他才要说出自己的真实想法，就被镜头外的导播打手势制止，导播觉得小明不能说自己的感受。于是小明就继续推销下一款产品。因为主播对每种商品都是各种夸奖，直播间的人很快就疲倦了，一天下来，几乎没有什么成交量。

复盘会议上，领导让大家讨论如何修改策略。小明就提出了这次直播的两款洗衣液的案例，"我自己本身就是消费者，我觉得我将自己的使用心得告诉粉丝，这是真诚的表现。一款香气更浓郁，另一款清洁更强劲，各有利弊。这样的真诚，是可以打动消费者的。"

领导考虑再三，选用了小明的意见，果然在后来的直播中，交易量提升了不少。

在市场经济下，买东西的人是消费者，卖东西的人是销售者。抛开市场经济，在人们使用商品时，消费者和销售者都是使用者。若是销售者只反复强调商品的"优点"，而脱离实际，不说商品的真实情况，只会拉远消费者和商品的距离，让消费者觉得那些"好"不过都是广告。故事中的小明，站在消费者的角度去说明商品，用的是"态度真诚"这个法宝。

我们的洗衣液什么污渍都能除尽！

怎么可能？太假了吧？

演讲时千万别跑题

即兴演讲时别跑题，就好比做事要达到目的，写作文之前要表达主题，即兴演讲的大忌就是跑题。如果演讲的主题是"冬季养生"，演讲人却用大量的篇幅讲述种菜技巧，这显然是跑题了，还跑得很厉害。很多时候演讲的主题并不是准确、确定的，而是一种内容分享，如成功学、学会沟通、懂得忍耐等，这样的内容很容易说跑题，那就要求演讲人一定要注意在打腹稿时要紧贴主题，在演讲的时候更不要说太多没有必要的话语。

> ……他在分享冬季养生知识。

> 今天的分享是"大棚种菜技巧"吗？演讲人都说了一个小时了。

切忌编假故事骗人

说谎话很容易，编假故事也很容易，轻而易举编造的谎言也很容易被拆穿。不管在什么样的场合即兴演讲，都可以对内容、故事案例进行优化处理，但切忌用夸张的手段去欺骗别人。演讲打动人心在于观点真诚，道理是发自肺腑感知到的，而不是通过胡编乱造编出来的。只有真诚的情感、真实的感受才能让听众产生共鸣，才能让即兴演讲打动人心。

某个卖化妆品的直播间里，主播正在给消费者展示一款精华护肤露的使用方法，还再三强调："模特小美就是用了三个月这款精华护肤露，皮肤才变好的。大家可以看看小美使用前后的对比照片，是不是非常明显？赶紧下单！今天给的优惠很大！"不到二十分钟，那款化妆品就被一抢而空。

没多久，许多消费者反应，用了那款精华护肤露不仅效果不明显，还起了疹子，有人将直播间和化妆品公司投诉到了消费者协会。

后来大家通过合法渠道维护了自身的权益，也有人指出，模特小美的皮肤状态之所以前后差异这么大，因为直播间让模特去打针，对消费者进行误导。

这个直播间为了卖东西，不仅说谎话骗人，还无所不用其极地去欺骗消费者，没多久就被平台闭店处理。

即兴演讲最根本的公式是什么

做数学题、物理题、化学题有公式，公式可以解决难题。即兴演讲也有公式，即兴演讲的公式可以让即兴演讲更具象化，更有据可依。首先，演讲者要明确主题，要把内容逻辑清晰地列出来，并用案例或道理去阐述，最后配上自己饱满的情绪和真诚的感悟，呈现出一场完美的即兴演讲。综上所述，即兴演讲的公式就很明显了：主题明确+逻辑清晰+论点充足+情绪表达。在接到即兴演讲的任务却不知道如何展开时，将这个最基础的公式写出来，而后将主题的内容认真地按照公式列出来，之后将它们组合起来就可以了。

即兴演讲也有公式？

只要肯总结，万事万物都有公式！

即兴演讲的公式是一种解决问题的方法，既然公式是用来解决问题的，那么即兴演讲的公式一定还有很多种。平时多做积累，总结属于你自己的演讲公式吧。

小赵是一家公司的技术研发人员，最近接到了领导安排的一个任务，去培训合作方技术部门的人员。小赵不善言辞，并不适合去做培训。可是专门负责培训的行政部门的人员又不知道如何去培训技术研发方面的内容。没办法，小赵只好接下了这个任务，并去请教专门负责培训的王老师培训的技巧有哪些。王老师听小赵说明来意后，笑了笑："小赵，你们技术员写代码、做分析，都是有公式的吧？"小赵回答："当然有。套用公式，可以做很多事情，写代码都简单很多。"王老师说："那我就教给你一个即兴演讲的公式，也是你去培训别人时，如何演讲的公式。1.主题明确：你去培训业务，明确要教会对方什么；2.逻辑清晰：那就把关键内容整理好，由浅入深去教学；3.论点充足，遇到你觉得一般人很难理解的地方，多用举例，或者直接演示；4.情绪表达，尽量和蔼一些，这样能让学生学习起来没有压力。"

公式是确定的，如何活学活用公式，才是即兴演讲的关键。如"一千个读者，就有一千个哈姆雷特"，同样的公式被不同的人使用，会呈现不同的效果。因为在公式这块"主干"上粘贴的"枝叶"是不一样的，加之不同的人所分析的观点是不一样的，最终呈现出来的演讲效果也就完全不一样了。甚至于用不同的情绪、不同的语速去表达一模一样的内容，也会呈现不同的效果。

公式需要灵活使用

即兴演讲的公式本就是多种多样的，不同的人根据不同的情景可以总结出不一样的公式。在使用公式时也要灵活，比如在某个正式场合，需要将公式里的几种元素都充分表达出来，可能还需要增加加分的内容，譬如穿搭需求、肢体语言、道具或学具等。而在有些时间比较短的场合，需要将公式的内容删减一些，以缩短时间。这就要求我们在使用即兴演讲的公式时活学活用。

这次发言只有五分钟，怎么用公式呢？

抓重点，只要前两点。

公式虽好用，也要注意演讲的根本是什么

即兴演讲的公式即便好用，我们也要清楚，公式是服务于即兴演讲本身的。使用公式可以，但是千万不要背离演讲的根本。即兴演讲的重点在于"演"和"讲"，这两者输出的所有言语都该紧紧围绕着演讲的主题。同样，公式也要围绕着主题展开。演讲者的一言一行、一字一句，都是为了将即兴演讲做好而存在的，千万不要舍本逐末。

每年的3月，B公司都会举办一场春季演讲比赛。阿静是个朗读爱好者，时常将自己朗读诗歌的音频传到网上和网友分享，她觉得演讲比赛和朗读应该差不多，跃跃欲试地报了名。演讲比赛有学雷锋、环保两个主题，要求参赛者二选一，并在五分钟内演讲完。阿静为此努力准备了好久。

等到阿静演讲那一天，她将自己的演讲稿用极好听的声音流利地讲了出来，自己觉得表现不错，却没想到最后只得了一个入围奖。后来她去请教裁判老师："我明明是按照网上的演讲公式做的准备呀，演讲流利又生动，怎么会没有名次呢？"裁判老师拿着她的演讲稿，说："主题是二选一，选了学雷锋，就不要选环保。你确实套用了公式，很有流程感，演讲的部分也无可挑剔，可是你在内容上有些偏了，明明在讲学雷锋的事情，却用了三分之一的时间去说环保的事情。公式用得好，也得注意不跑题呀！"

传递情感，拿捏尺度

即兴演讲是一种以语言表达为主的表演，那么，在表演中，如何传递演讲人的情感就变得尤为重要。如好的新闻传递的一定是现代人眼下的焦点，好的表演作品传达的是现代人普遍的情绪价值，好的演讲也是如此，应该传递的是听众需要的情绪和观点。

一场演讲，是欢快基调的，还是黑色幽默基调的？是严肃正经的教学氛围，还是活泼轻松的社区氛围？这些都是演讲人需要拿捏的。就好比在一场葬礼上分享乐事，在一场生日宴上分享丧事，一定是不对的。如何在合适的场景，用独特又符合情境的语言来演讲，对演讲者来说是非常重要的必修课。

这么正经的场合，他怎么嬉皮笑脸的呢？

确实过于轻松了些，让人尴尬。

成语"过犹不及"是说很多时候做事情过分了，和做得不够是一样的，效果都不好。这里面所透露的智慧，放在即兴演讲中，就是要控制住对"度"的把控。

王教授是一名大学教授，要去给某企业做专题培训。这一类的培训是想让特定的员工了解某种专业领域的知识，重点在于了解其中的原理，而不需要掌握。主办方再三强调，希望王教授深入浅出，让这些员工知道专业内容和业务流程是怎么回事就行了。王教授想着对方花重金请自己来，他一定要坚持自己的教育理念，做到"传道授业解惑"。

王教授以十分严谨的态度传授了知识，同时也如平日里教大学生一样，给某企业参加培训的员工留了很多作业，包括行业调研报告和相关创新内容的论文。三天下来，所有参与的员工都叫苦不迭。这些作业太过学术，对他们而言，实在是太难了。

负责培训的领导知道了这件事情后，赶忙和王教授沟通了。王教授这才明白，自己教学的"度"没有掌控好，对待这些人像对待自己专业的学生一样，这显然是不对的。

选好情感基调，不要过激

电影有喜剧、悲剧、悬疑剧之分，其他的表演形式根据情感基调不同，也都有不同的分类，即兴演讲也不例外。开会的场合，就不适宜做轻松的演讲。酒局上的分享，就不适合沉闷悲伤的话题。教学类演讲，就不适合用黑色幽默的方式。不同的场景下，要选好适宜的情感基调，不过激，要记住"过犹不及"。

重阳节的时候，社区组织了一次赏菊花的活动。活动主持人是个很会煽情的人，曾经主持过多场红白喜事。因为重阳节有插茱萸、喝桂花酒、吃重阳糕、赏菊花等小活动，主持人为了将这些串联起来，就分享了很多古代人思念亲人的故事。

没想到在场的都是七八十岁的老人，很多人的亲人都已经不在世了，听着主持人的分享不少老人都哭了。主持人见自己的演讲感动了所有人，越发变本加厉，还放了让人伤感的音乐，说了一些让人情绪低落的词语。活动结束时，到场的老人基本都是哭着回家的。

不久，社区接到投诉，说老人回家吃了速效救心丸才缓过来，希望以后做活动要控制好活动基调，这种伤感的活动尽量少举办。

原本社区举办活动是好心，为了增加过节气氛，让老人们都开心一下。这样一场吃喝赏花的活动，其实是可以举办得十分有趣且开心的。只是主持人没把握好度，生生把一场快乐的聚会变成了悲伤的聚会。由此可见，演讲是可以传递很多种情感的，如何把握住这个情感的"度"，在于演讲之人的把控力。

因地制宜，应时合势

同样的即兴演讲，在面对不同的听众时，表达的方式应该有所差别。表达的方式包括情感的传递、情绪的表达、语速的快慢。若面对的受众是职场人，则应该是活泼的，内容倾向生活；若面对的是学生群体，则应该是相对严肃的，内容倾向学术。即兴演讲应该因地制宜，应时合势，在变化中调整尺度。

让聆听者走进你的故事

听一场好的即兴演讲如同听了一个好的故事，演讲人是讲故事的人，听众是听故事的人，两者通过故事本身（即兴演讲）产生了一种相互理解甚至惺惺相惜的情感。如多年未见的老友见面，如相见恨晚的知己，一旦见到，即刻就会产生共鸣的感觉。凡是听众在演讲结束后觉得很满足，如同听了一个很好的故事一样发人深省，那这场演讲就不会差。只有真诚的内容，生动的语言，让听众身临其境，才会发人深省。即兴演讲的过程，就如同你分享了一个有深度的故事，而后让别人走进你的故事。

听得我热泪盈眶！

确实是一场发人深思的演讲。

即兴演讲包含"讲故事"的属性，却和讲故事不是一回事。即兴演讲需要演讲人的真情实感，在讲述案例时，能够将自己具有闪光点的想法分享出来。

安迪是一位美术老师，暑假的时候，她接到了一个工作：教一群老人画油画。安迪做好了各种准备，打算从世界著名的油画入手，让老人们通过世界名画来了解油画，从而爱上油画，开启学油画的大门。

第一天，安迪没有让老人们动手，只是用一种即兴演讲的方式为大家展示了画作和颜料、油画布。原本课程时间并不长，安迪讲到一半的时候，发现有老人睡着了，继续讲，陆陆续续有人出了教室。这让安迪很沮丧。下课时，画室里老人已经所剩无几。

安迪百思不得其解，于是去请教老人团队的队长。队长如是说："你讲的课程很好，但是不能打动我们。法国的油画很漂亮，文艺复兴很有意义，可这与我们这帮老年人的生活离得太远了，我们根本听不懂，甚至听不进去。"安迪虚心请教。队长提议，让她以俄罗斯油画为开端，因为很多老人都有俄罗斯情结。果然，安迪修改了演讲内容后，得到了大家的喜爱。

有句老话叫"工欲善其事，必先利其器"，意思是想做好一件事情，首先要让自己的"工具"用着很趁手。作为一个讲述者，"工具"就是能打开聆听者心房的钥匙。如何获得这个"工具"呢？如何打开聆听者的心房呢？如何让听众走进演讲者的故事呢？显然，安迪最开始的做法并不可取，脱离了大众，即便内容非常有价值，非常精彩，也是毫无意义的。

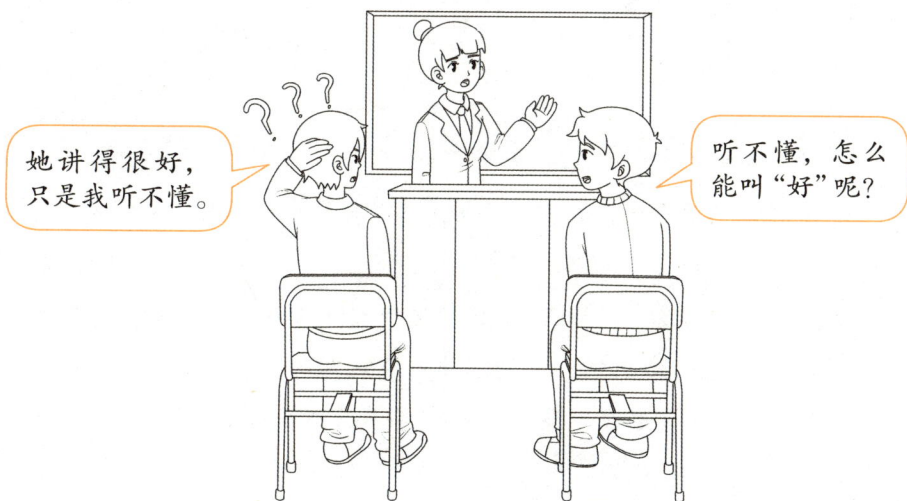

她讲得很好，只是我听不懂。

听不懂，怎么能叫"好"呢？

受众面要广，一定是大家听得懂的内容

即兴演讲是面对旁人的演说，对方可能是一个人，也有可能是很多人。如果演讲者说的内容，对方听不懂，那无疑是失败的。在面对很多人时，演讲者要记住一条关键的原则，即所讲的内容一定要有受众面，是听众能听得懂的内容。简单而言，如果做一场关于沟通的演讲，台下坐的是老年人，演讲者总是使用网络用语，就很难让观众产生共鸣；如果台下坐的是年轻人，说些网络用语会让氛围更活跃，这就是差别，一定要考虑受众的接受能力。

这个真是YYDS！

什么玩意儿？

某公司高级干部进修班里有一节课是讲团队合作的，主讲老师是一名《甄嬛传》深度影迷，在举例子讲团队合作的重要性时，主讲老师就讲了一个《甄嬛传》中的"名场面"。

她讲得十分激动，将电视剧里的每一处细节都做了讲解，还添加了她个人的分析。学员们能感受到她对电视剧的喜爱和热情。讲解结束时，老师问大家是否听懂了。不少学员反映，并没有看过那部电视剧。

主讲老师陷入了尴尬，她以为所有人都知晓内容，并用饱满的热情

去讲述故事，希望得到大家的共鸣，没想到大多数学员没有看过，竟然是她一个人的独角戏。而后主讲老师迅速调整了授课内容，这才缓解了这个局面。

自我陶醉不可取，别人不懂不行

即兴演讲就是为了展示演讲人的观点，让听众产生共鸣，是演讲人和聆听者之间的互动。若是聆听者根本听不懂演讲人说的话，那么无论演讲人讲得多么陶醉，都是毫无意义的演讲。让聆听者走进故事，接受演讲人所要表达的观点，就需要演讲人站在聆听者的角度考虑问题，考虑要如何突出演讲的主题。

你在演讲，也在互动

即兴演讲是一种表演，面对的是观众或者听众，两者之间是有互动性的。即兴演讲的互动有两个层面：一是演讲人语言表达出来的内容会在听众的脑海里产生"涟漪"。听众经过"消化"后，因为每个人的理解能力、世界观不同，会产生新的理解或者情绪，这种是思维上的互动，或者可称之为"碰撞"。二是真实意义上的互动，演讲人与观众进行语言上的对话互动或者就演讲内容展开一些巩固知识的小活动。

我这样说，大家听懂了吗？

听懂了。

你讲的内容，别人都听懂了，你想传达的思想，别人都理解到位了，这就是一种思维情绪上的互动。如有人在讲一个悲剧故事，听众听后感动得哭了。两个人虽然没有在语言上进行实际的互动，可在情感上，他们已经互动过，甚至对话过了。

萧萧最近失恋了，她走不出上一段感情带来的伤痛，整日闷声不乐，朋友给她报了一个心理互助小组的活动，希望她可以敞开心扉。心理互助小组是一个小型的分享会，不过大家在这里分享的都是难过的情绪，并不是开心的事情。每个人都会说出困扰自己的故事。来这里的人都是自己还悲伤不够，根本没有精神去理解别人。与其说是互动，不如说是相互倾诉，说出自己的不满。萧萧讲述了自己不成功的爱情过往，越讲越悲伤，不禁哭了起来。

活动结束，萧萧走出分享屋，一个同组的女生向她表示感谢。那个女孩儿说："谢谢你的话，让我走出来。原来沉浸在过去的感情里，对自己的消耗竟然这么大。"萧萧奇怪，自己什么话都没和她说呀。那人说："你说话时，我在听。虽然我没有回复你，可实际上你的言语在和我的灵魂对话，这也是一种互动。"

萧萧没想到自己的话还能帮到人，于是检讨自己是不是也不应该再继续伤春哀秋，该走出来了呢？

由此可见，你在做即兴演讲时，即便没有与听众面对面地说话，可实际上，"说"和"听"就是一种互动。这就是前文所说的，即兴演讲里的第一种互动并不是实际意义上的互动，却在思绪深处、灵魂深处向大家展示出了互动的真实意义。同时，这样"互动"的意义也是即兴演讲的意义之一，通过表达，让人懂得思考，助人成长。

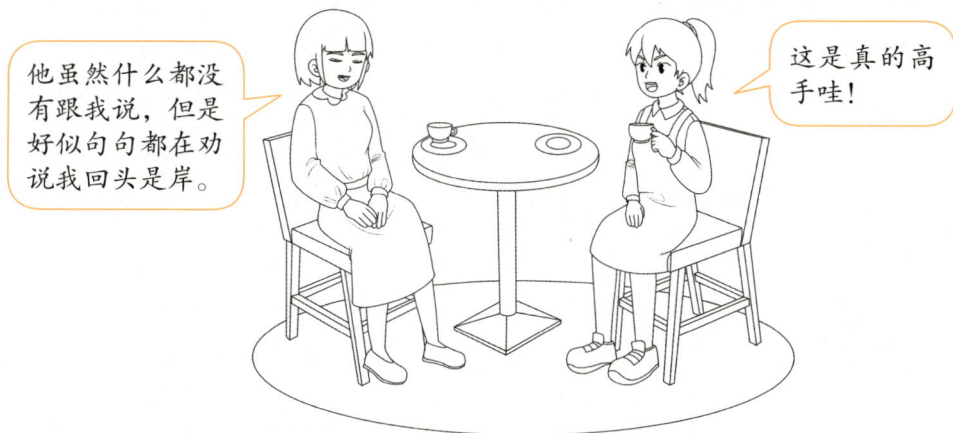

他虽然什么都没有跟我说，但是好似句句都在劝说我回头是岸。

这是真的高手哇！

互动的形式是多种多样的

第二种互动是真正意义上的互动，可以是提问题、做游戏、做调研问卷等。这样的互动是即兴演讲中的小技巧，可以防止演讲人在分享时，对方走神、注意力不集中。多人的互动会让现场所有的听众都处于精神高度集中的状态，可以防止犯困。另外，还能拉近其他人之间的关系，如全员互动的小游戏，可以用来暖场、破冰。

我刚才困了，一说互动我就清醒了！

所以说，互动很有必要。

某公司为新招的员工定制了特殊的员工培训。新员工培训被称为"封闭训练营活动"，因为"封闭"，所以安排得很满。

晚上下课后，还安排了去操场上做活动。起初大家以为是去操场跑步，觉得锻炼身体是好事，虽然很累，但是能接受。没想到每个人做过自我介绍之后，负责上课的老师却说要跳广场舞，大家很不愿意，但是勉强接受了安排。而后老师又说要做"互动游戏"，让在场的所有人牵起手来做游戏。有些学员表达了不满，举手和老师申请，说不参加这样的活动。这样的声音并未受到尊重，老师继续我行我素，继续开展游戏。

等游戏进行到需要每个人牵起手时，很多学员表示拒绝。老师为此做了很多解释，可大家根本没听。最终，原本拉手的互动活动也没有执行下去。

互动可以有，但是也要掌握度

互动是即兴演讲里提升演讲趣味性必不可少的手段，但是互动也要掌握"度"。"度"有两个维度需要掌握，一是互动不要过多，不要过于频繁，假设互动的内容占了整个演讲的四分之一以上，就属于过"度"，喧宾夺主，这样不好。二是互动的内容要适度，针对聆听者、在场参与活动的人而言，要注意哪些是难以接受的。譬如上文故事中的互动有肢体接触，就要考虑当事人的感受，会不会有人觉得不舒服。

内容表达要注意内核

有句俗语说"饭可以随便吃，话不能随便说"，可见说话的内容是很有讲究的。同样都是说话，要说得有意义，不要说毫无意义的话，也不要说让人觉得难受的话。作为即兴演讲的演讲人，在公众场合发言，就更要字斟句酌，注意内容所表达的精神内核。这个"内核"要如何把控呢？很多人看见这个问题会觉得疑惑，一时间没了主意。其实有个很好的方向，那就是所有演讲的内容都要维护社会主义核心价值观，凡是违背这一核心价值观的话，就是在演讲场合不适合说的内容。即兴演讲是一种公开传播的行为，一定要注意，要说合法合规的话，不哗众取宠。

他这样说话虽然有趣，可作为女性，我觉得被冒犯了！

我不觉得有趣，觉得很低级。

很多时候演讲人站在台上，受很多人的注目，会因为过于兴奋而得意忘形，一时间控制不住嘴，说出一些不该说的话，从而对他人造成伤害。出口伤人很不好，一定要注意。

最近脱口秀节目很火，玲玲也喜欢看，于是就买了脱口秀线下活动的门票，打算去现场看。

台上的男脱口秀演员说着段子，原本很有意思，后来忽然说到了女生购物的事情，他说："女人只有一张嘴，却要很多支口红。女人总是买了很多很多口红，不好看就扔了，毕竟一两百块钱也不是很值钱。可是她没有想过，不好看的不是口红，可能是她。"

这个段子说完之后，有很多人笑，也有很多人没有笑。没有笑的人多数是女生，玲玲也没有笑，她甚至觉得不仅不好笑，还让人心里难受，觉得被冒犯了。

看完脱口秀演出后，玲玲很不开心，她不确定是自己过于敏感，还是因为那个脱口秀演员说的内容很冒犯人。于是将这条消息发给了朋友，问问大家的看法。果然，她问了三个女性朋友，都觉得这样的说法很冒犯女性。

于是玲玲打了主办方的客服电话，进行了投诉。

世界很大，知识也很多，每个人所能了解的东西、认知的事物，放在整个知识世界中是十分少的。每个人都会有自己所不了解的知识，自己所不熟悉的事物，不能因为自己不了解、不熟悉，就否定那些事物的存在，觉得自己见到的世界就是真实的世界。同样，不能将自己的是非观念认定为真理。以偏概全常常会伤及无辜或冒犯他人。

难道还有人没用过口红吗？好搞笑！

注意你的言辞。

是非曲直要分明

作为即兴演讲的演讲人，要注意不该说的话不说，错误的价值观不要说，时刻想着社会主义核心价值观的内容，演讲时言行举止一定要符合社会主义核心价值观的要求，把握尺度，分清是非曲直。作为在公共场合传递知识、传播理念的人，一定要对自己的话负责，不要乱说话。很多时候，"祸从口出"，每个人要为自己的言行负责，不要等到说错了话再补救，那时就晚了。

言论自由，想说什么就说什么有什么错？

祸从口出，不知道吗？

方方的女儿今年六岁，正在上幼儿园，她有很多教育问题不太理解，所以就参加了一个社区组织的教育学家分享会。刚好那天是个周末，方方带着女儿一起去听。

分享会上，教育学家说："如今大多数家庭只有一个孩子，孩子不懂得分享，都很自私，这是天性使然。小孩子自私是正常的，也是应该的。家长应该无条件包容。"

方方听到这里觉得有些不对劲儿，不过也只是听听算了，并没有多想。哪知这样的理论没有影响到自己，却影响到了孩子。

没几天，女儿在幼儿园和别的小朋友因为抢玩具打了起来，老师反映给方方，不明白为什么孩子说"自私是对的，就应该自己去抢"。方方为此很头疼，她感慨，作为教育学家，更应该谨言慎行，以免对孩子造成不好的影响。

即兴演讲要传达正能量

每个即兴演讲的人都希望自己的观点能被他人认可、产生共鸣。如果即兴演讲被别人评价为"无稽之谈""满口胡言"，相信没有一个演讲人会高兴。人们总是喜欢更好的事情、更有盼头的未来和令人期待的东西。如果演讲人有两个选题，一个是正能量的，另一个是负能量的，毋庸置疑，绝大多数听众会去听充满正能量的那一个。人的本性就是趋利避害的，作为演讲人，有义务在演讲时多输出一些正面的内容。

这个演讲人说的东西好颓废，我不想听。

我也觉得很丧，走吧。

第三篇

即兴演讲的十大技巧

　　生活中，我们要面对很多次即兴演讲，比如求职面试、向领导汇报工作、和客户谈判、在亲友的婚礼上发言，或者是和朋友一起讨论一件事情等，这些都属于即兴演讲。要想让自己说出的话言之有理、逻辑清晰、观点明确，而不是答非所问、语无伦次、磕磕巴巴，就一定要学会这十种技巧。

亲和力至上，拉近与聆听者的距离

有这样一类人，他们身上散发着一种特别的气质，让大家都情不自禁地愿意接近他们，听他们讲话，这种特别的气质就是亲和力。在即兴演讲的时候，如果能展现出自己的亲和力，那么很快就能拉近自己和聆听者之间的距离，获得大家的认可和支持。

聪明的人在进行即兴演讲的时候，常常会用和蔼可亲的态度进行自我介绍，会用微笑的表情、真诚坦率的语言，讲一些聆听者关心的话题，或者寻求与聆听者利益上的一致，这样不但能引起聆听者的共鸣，让他们与你融为一体，更能增加他们对你的亲近感，喜欢你。

我觉得他说出了我的心里话。

可不是！说得真好。

要想和聆听者融为一体，就一定不能居高临下，趾高气扬，以自我为中心进行演讲，而应该用平等、相互尊重的态度和大家交换意见，这样，自然会获得聆听者的好感。

有一位演说家，他友善积极、真实乐观，演讲风格也非常有亲和力，很多人都愿意听他演讲。

这位演说家每次发表演讲的时候都会站在观众的角度，说大家所关心的话题，引起大家共鸣的同时，还给大家带来了很多积极的力量。他一点儿架子也没有，经常在演讲结束后热情地和观众握手，并给观众签名。

有一次，演讲的时候，天公不作美，下起了瓢泼大雨。演说家看着台下淋着雨听他演讲的人群，伸手拒绝了工作人员送来的雨伞，陪着近一千名观众一起淋雨。他在演讲中笑着说："很抱歉大雨弄乱了女士们的头发，看来一会儿结束后我们都要去洗头了。"

就这样，这位演说家凭借自己的亲和力，让自己受到了更多人的喜爱。

事实证明，善用亲和力，是非常容易拉近自己与聆听者之间的距离的。而演说家正是善用了自己的这个特点，通过在演讲现场与听众不断地互动，加上他平易近人，态度诚恳谦虚，让大家觉得他值得信赖，从而信任他，喜欢听他说话。

为什么要拉近与聆听者的距离？

为了让别人信赖你！

肢体语言也可以增强你的亲和力

除语言外，你的每一个动作、手势或者眼神，都能帮助你传达自己的情感，消除和聆听者之间的心理隔阂，增强自己的亲和力。首先，使用肢体语言的时候，要和即兴演讲的内容搭配起来，精练的动作可以帮你有力地突出自己的思想感情。其次，肢体语言要朴素、率真，这样才能更快地拉近自己和聆听者间的距离，让自己的演讲更生动。最后，要做到肢体语言同演讲者的性格和气质相符，不要一味地去模仿别的演说家，否则会让人觉得不伦不类，降低你的亲和力。

> 我小的时候，因为这事被我妈骂了好久呢。

> 哈哈，太有意思了……

即兴演讲时，要与聆听者融为一体

大家都不喜欢那些炫耀自己，以自我为中心的演讲者。因此要想得到聆听者的好感，一定不要居高临下，要努力让自己和聆听者融为一体。

第一，态度很重要。一定要多和大家说说心里话，真诚待人，才会得到别人的喜爱。

第二，提前铺垫。在进入演讲主题之前，不妨先讲个故事，介绍自己等，这样可以加深大家对你的印象，为接下来的演讲做好铺垫。

第三，学会"共情"。只有共同的感情，共同的理想，共同的问题，才能打动聆听者的心，让自己与他们真正融为一体。

随着社会的发展，国内与国外的友好交流活动日益增多，很多城市都和国外的城市结成了友好城市，大家相互交流探访，非常和谐。例如，安徽铜陵市就与德国马尔巴赫市结成了友好城市，铜陵市代表在德国参加晚宴时就进行了一场即兴演讲。

铜陵市代表从中西方不同风俗引入："中国人讲究先致辞再吃饭，这样做的好处就是可以先把该办的事办完，然后再慢慢吃饭；而欧洲人习惯先把饭吃起来再讲话，这样做也有好处，那就是不会饿肚子。今天我就入乡随俗，吃饱了再说。"代表演讲的开篇语风趣幽默，又结合了特定的情形，一下子就缓解了现场紧张的气氛，用富有亲和力的语言，拉近了自己与聆听者的距离，为接下来的演讲做了很好的铺垫。

逻辑思维缜密，精准表达自己的观点

逻辑思维是一个人非常重要的技能之一，当你拥有缜密的逻辑思维的时候，才能在遇到问题时冷静下来，梳理、分析、找到关键点，从而解决问题。在需要和别人陈述自己的想法的时候，可以运用逻辑思维把自己要表达的内容梳理好，把自己的观点、论据都精准地表达出来，这样才能把自己的结论更好地传递给对方。

可以这么说，一个人如果拥有缜密的思维逻辑，他（她）就有更强的分析问题、解决问题的能力，他（她）的沟通能力就会更强，说出来的话就越容易被别人理解和认同。

每个人都是不同的，对问题的理解和想法也是不同的。那么，如何才能有逻辑、精准地表达自己的观点呢？答案其实很简单，就是想清楚，说明白，知道什么该说，怎么去说。

战国时期，张仪为说服秦惠王作战，进行了一场非常精彩的游说。

张仪说："我听说，如今的齐国通过打仗收复了很多地方，还和燕国、魏国结了盟，等它攻打完韩国，势力大增，就会来对抗秦国了。"张仪告诉秦王，自己可以去瓦解各个国家的联盟，从而帮助秦国完成统一。在整个说服过程中，张仪没有单独以战争的重要性来博取秦王的认可，而是从谋臣、将士、军队三个方面，讲述了国家目前遇到的问题：一是赵国将亡，秦国想称霸束手束脚，秦国谋臣缺乏胆量；二是秦国被赵国打败过，失去了斗志；三是秦军失败后没有再次进行整编，失去了战斗力。他根据这些情况，规劝秦王不要再有与其他小国结盟的想法，要尽快富国强兵，准备一统天下。秦王听了张仪的话，觉得很对，立刻封张仪为相，让他去别国游说。很快，张仪成功游说各国，让他们放弃了结盟的想法。

张仪是一个逻辑思维非常缜密的人，他不仅仅是简单地阐述利害关系，还能举例说明现有问题，推断出后果。整个游说过程思路清晰，层次分明，由浅入深，同时引经据典，用他强大的逻辑能力，精准地表达出自己的观点。秦王听后，不仅不会觉得张仪在信口胡说，反而会记忆深刻，反复揣摩，引发思考。

怎样才能精准地表达自己的观点？

要有缜密的逻辑思维能力。

提升说话的逻辑性：观点、原因、举例

想要表达观点更精准，首先要学会提升自己说话的逻辑性。有些人说话语无伦次，一会儿说这个，一会儿说那个，或者只说自己的观点，而不说为什么，没有逻辑性，不容易被人信服。

要想说出的话被别人认可，就一定要学会从三方面进行阐述，即观点、原因、举例。观点很重要，但是容易被别人忽视，只有加上原因和举例，说出的话才能有理有据。在举例的时候，一定要学会利用冲突或者是矛盾，这样更有利于聆听者理解。

练习多角度的思维方式

多角度的思维方式，就是从正面、侧面以及多个层面对某一个问题进行分析和思考，从而找到解决问题的思路。经常多角度思考问题，能够帮我们更深程度地理解事物，避免因为自己单一的逻辑而产生偏见。在我们的工作和生活中，有些事情看起来是相同的，但是仔细思考之后，却觉得又不相同，这就需要我们平日里多思考练习，锻炼我们的逻辑思维能力，让我们说

出来的话更准确、更有深度，也更容易被别人理解和认同。

欧洲的妇女都喜欢戴着帽子，就连进剧院看演出也不取下，这就严重影响了后排观众。剧院经理经常接到投诉。

有一次，演出开始前，又有人提出这个问题，经理登台劝说妇女取下帽子，可是大家谁都不听，场内秩序大乱。

这可怎么办呢？经理一筹莫展，这时，一个小职员趴到经理耳边说了一句话。经理疑惑地看着他，然后点了点头。

于是，经理又一次对观众说："这样吧，为了照顾年老的女观众，她们可以不脱帽；年轻漂亮的女观众，希望你们能取下帽子。"没想到话音刚落，女观众们的帽子就全都取下来了，看来谁都不想被认为是老太婆。

在这个小故事中，小职员就发散了思维，完美地解决了问题。看来，如果一个人思维开阔，会多角度思考问题，就一定能找到解决问题的方法。

我觉得这件事情是这样的：1、2、3、4……

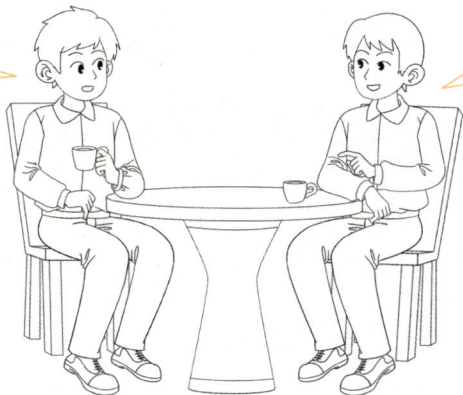

我觉得你分析得很有道理。

巧用故事、案例，抓住聆听者的注意力

在即兴演讲的时候，最容易让聆听者感兴趣，能紧紧抓住他们注意力的，不是什么新潮的观点，也不是精妙的口才，而是故事和案例。所谓"普通人只会讲大道理，高手才会讲故事"。只有会讲故事的演讲者才会通过故事去触动聆听者的内心，说服并打动他们，这其实是一种超越现实的共情能力。

越是贴近现实生活的故事或案例，越是能让人感同身受。仔细观察你会发现，得到很多支持的演讲者，总是爱说一些故事或案例，而且都是生活中发生的、普普通通的事情。但就是这样简单的故事，却牢牢地抓住了聆听者的心。

什么样的演讲能吸引聆听者？

观点加故事和案例。

对于演讲者而言，懂得运用故事或案例辅助自己表达观点，其结果必然会事半功倍，如果你的故事或案例讲得好，就能让对方从中听出你的情绪和需求，从而达到价值观层面的共鸣。

战国时期，丞相甘茂因为被人诬陷逃出了秦国。正在他不知道该去哪里的时候，遇到了正在出使秦国的齐国使者苏代，于是他想要苏代帮助自己留在齐国。

甘茂去和苏代沟通，没有一上来就说自己的目的，而是讲了一个故事：以前江上生活着一些做蜡烛烛芯的女子，其中一个女子因为穷买不起蜡烛，总是蹭别人蜡烛的光干活，这引起了大家的不满，于是商量着想要赶走她。女子知道后，就对大家说："我每天很早来收拾卫生，认真工作，你们就把烛光当作对我的奖赏不好吗？留着我对你们也有好处哇！"大家觉得有道理，就让她继续留在这里。故事讲完后，甘茂说出了自己想要留在齐国的想法并告诉苏代自己和这位女子一样，只会做对国家有利的事情，而不会做有害的事情。苏代听了以后觉得很有道理，于是答应帮助他留在齐国。

没过多久，甘茂就在苏代的帮助下，来到了齐国，并被齐王拜为上卿。

甘茂之所以能够在绝境中找到新的出路，与他精彩的即兴演讲能力有很大关系。首先，他利用故事作为引入点，"晓之以理，动之以情"，让苏代愿意听他讲话，并对他产生理解和认同，愿意真心帮助他。其次，他懂得抓住时机，表明自己的态度，向苏代证明了自己是对齐国有用的人。这才促使苏代愿意帮助甘茂，游说齐王，最终甘茂得到重用。

梳理生活背景，寻找话题

很多人认为自己生活得很平淡，没有什么可以拿出来讲的事情。其实这种想法是不正确的，每个人都经历过很多事情，只是你缺少合理的方法进行梳理。

第一，可以通过提问自己来梳理经历过的事情。比如，问问自己童年有什么事印象深刻？因为什么大哭了一场？什么时候觉得自己最成功……把这些故事梳理出来，再根据你现有的经验和感触，就能在即兴演讲的时候派上用场。

第二，加入想象，做出解答就是自己的价值观。可以问自己一些永远不会发生的事情，然后自己去解答并把它梳理好，这些就是展现你独特个性之处。

演讲中的故事从哪里来？

你的生活中可以找到话题。

有一位知名女作家曾经做过一次演讲，她十分动情地向台下聆听者讲述了自己小时候的故事。女作家告诉大家："我小的时候，家里很贫困，有时候一天都吃不上三顿饭。最难的时候，我那要强的妈妈哪怕自己不吃饭，省下食物给我们吃，也没去借过一分钱。她就这样用自己勤劳的双手，供我上了大学。等我毕业后参加了工作，工资很低，刚刚够生活。有一次，我的女儿在商店里看到一块巧克力，她盯着看了很久，但她没有开口问我要，因为她知道我们家每一分钱都是计划好的，没有任何多余的钱。那次女儿渴望的眼神，深深地刺入了我的心……"当女作家用饱含情感的语言把早年贫困栩栩如生地展现在聆听者眼前时，大家仿佛看到了她在逆境中是如何抗争的，看到了她在文学道路上的执着，大家都深受感动。

讲好一个故事，需要突出五要素

即兴演讲中的故事要突出五要素：时间，地点，人物，事件，原因。时间和地点要简单扼要，提醒聆听者注意；人物最好是有名有姓，这样才能显得真实，更容易帮助聆听者明确思路；原因的表述其实就是帮助聆听者厘清背景，深入感受。事件的表述一定要具体、加入大量细节，这样才能在聆听者眼前重现之前的场景，牢牢吸引聆听者跟随你的思路"真听、真看、真感受"。

只有把五要素说明白了，你的表达才算清楚，才能让聆听者产生代入感，并从故事中有所感悟，这可比干巴巴的观点论述更能引起聆听者的共鸣。

怎样讲好一个故事？

要突出五要素。

"言语幽默"是增味剂，"精准"是主菜

很多人都听过一些乏味、让人昏昏欲睡的演讲，这些演讲全是大道理，不仅平淡无奇，而且还缺乏亮点，听过之后，一点儿都记不住。其实，要想让你的演讲变得生动有趣，让人记忆犹新，可以尝试这样的技巧：精准的概括搭配幽默的语言。

幽默的语言可以让你的演讲更有吸引力，让聆听者不断跟随着你的思维，感知有趣的话题；而精准的概括又可以让聆听者产生思考。用这样的方式进行演讲能让你和聆听者产生良好的互动，聆听者更能理解你演讲的内容，而你也能够感知到聆听者给予你的正向反馈，这样的演讲必然是成功的。

你说话可真有趣。

太有意思了，笑得我肚子疼。

真正有趣的演讲并不是强制性地给聆听者"挠痒痒"或者是讲大道理，而是要给聆听者带来快乐，能让整个演讲变得精彩；能让大家感受到你的内心，同时还能展示你的人格魅力。

美国前总统林肯在位期间做了很多利国利民的好事，从而深受尊重

和爱戴。

从林肯取得的这些成就中，能看出他是个有大智慧和才能的人。但是每个人都不是十全十美的，林肯自己也有不完美的地方，他的长相实在是太丑了，甚至丑到走在路上，都不会被路人看一眼的程度。

林肯当然知道自己的缺点，但是他并没有因此萎靡不振，相反却敢于拿自己的缺点来开玩笑，这让他得到了很多人的喜爱。

有一次，一位不喜欢林肯的人公然嘲讽林肯的相貌，还说他是个"两面派"。林肯知道后并没有反唇相讥，而是拿自己的相貌开起了玩笑，他笑着说："如果我真有另一副面孔，那怎么会用这副丑样子出现在大家面前呢？"

林肯幽默的语言轻松地回击了别人对他的中伤，并赢得了大家阵阵掌声。

面对别人对自己的恶意中伤，林肯没有恼羞成怒，而是"四两拨千斤"，用自己的幽默和气度，轻松地回击了过去。想一想，如果林肯也言辞犀利，用难听的语言进行反击，那么在大家心里，就会觉得这两个人同样素质低下，行为不端，势必会影响两人在大家心中的形象，这对谁都没有好处。而林肯用幽默的语言，轻松回击的同时，也向大家展示了自己的肚量，塑造了良好的形象。

你怎么不骂他？

懒得理他！

即兴演讲的技巧之一：幽默语言的运用

有的人一张嘴说话，就让人觉得有趣，愿意听他（她）说话。而我们大部分人是没有这样的优势的，所以在即兴演讲的时候，要运用幽默语言。

第一，自我消遣。适度的自我消遣会给人大度的感觉，有利于增强你在别人心目中的好感。

第二，逻辑反差。反差感明显的语言可以让聆听者产生逻辑反差，产生笑料。

第三，适当犯上。适当开开上级的玩笑，聆听者会产生认同感。

第四，夸张表达。夸张的语言可以让聆听者更轻松，更容易接受你的观点。

为什么我说出来的话总是很无趣？

那你要多学学怎么幽默地说话了。

有一位大家都很喜欢的作家，亲切随和，平易近人。他平时与人交流时就很幽默，大家都很喜欢听他讲话。

有一次，这位作家受邀到一所大学进行演讲。正值下午，聆听者大都懒洋洋地坐着，情绪并不高，现场的气氛也有些尴尬。作家并没有在意这些，他先是清了清嗓子，然后用自己幽默的语言开始演讲："我这几天有点儿感冒、咳嗽，嗓子也很不舒服，可能不能说太多话，希望大家多多包涵。"说到这里，作家话锋一转，接着说，"不过，我觉得这应该也不是一件坏事，因为这样可以时刻提醒我，要多干事，少说话。"

话音刚落，台下就传来一阵笑声。观众的情绪被作家幽默的语言激发了出来，他们开始坐直身体，认真地听作家演讲。

即兴演讲的技巧之二：精准的表达方式

所谓的精准表达，通俗点儿讲就是：你知道自己在说什么，聆听者也知道你在说什么，并且聆听者很相信你说的话。要想在即兴演讲的时候把话讲到位，就一定要学会精准的表达方式。

第一，要精准概括主题。你想表达什么，第一时间让聆听者明白。

第二，要确定观点。这个观点必须是你理解很深且与主题相关的。

第三，观点背后的一系列支撑。其实就是说服聆听者的过程，原因、故事案例、细节感受等，用这些证明你的观点更容易被聆听者理解。

第四，总结补充。总结可以加深聆听者的记忆，同时能查漏补缺，补充遗忘的内容。

什么是精准表达？

就是别人能听懂并相信你说的话。

专业知识深入浅出，道理言简意赅

无论是工作还是学习，我们都需要做即兴演讲，而即兴演讲最重要的目的就是让别人能听得懂。很多人会错误地认为，演讲时，用专业性极强的理论知识和语惊四座的语言，才能展示出自己的知识水平和口才能力，让别人崇拜自己。实际上，这样的演讲方式只是自我欣赏。失去了与聆听者的互动，就会让即兴演讲变成无聊的"独角戏"。

要想避免这种情况发生，就一定要懂得怎样深入浅出、言简意赅，把专业知识用通俗易懂的语言传达出去；同时把主题提炼得简短精确，容易记忆，这样才能达到即兴演讲的目的。

当然，要想在即兴演讲中做到"深入浅出，言简意赅"，并不是一件容易的事，我们只有不断地积累和练习，才能把道理分析透彻，解释明白。用这种演讲技巧，才会被聆听者理解和信服。

医学院的学姐向新入学的学生做演讲。当讲到人体肌肉横膈膜的时候，她说："用横膈膜呼吸的话，会帮助肠子蠕动，这对健康很有好处。"说完，她就要转入下一个话题。这时老师打断了她，然后问下面坐着的学生："谁听懂了她的话？请举手。"下面的学生没有一个人举手，看来大家都没听懂。老师要求学姐解释一下这个肌肉的工作原理。于是，学姐赶紧解释道："横膈膜是一种很薄的肌肉，它在胸腔和腹腔之间，会随着胸腔和腹腔的呼吸而变化。当胸腔呼吸的时候，它会被压缩，也就是中间会往上鼓起来，像扣着的盆子；当腹腔呼吸的时候，它又会往下推，变成一个平面，挤压人体肠胃。它会随着呼吸上下运动，能有效地按摩和刺激腹腔里的胃、肝、胰、肠等器官；这种反复的按摩对肠胃特别有好处，能帮助我们的肠胃蠕动，有利于人体排泄。也就是说，横膈膜的反复按摩能帮助我们的肠胃做运动，让我们身体更健康。"经过这样的解释和总结，大家总算都听懂了她的话。

学姐刚开始演讲的时候就犯了一个错误，她对自己所讲的东西很了解，觉得别人也一定听得懂。可是结果却事与愿违。在经过老师的提醒之后，学姐及时改变了演讲方式，虽然多用了一些时间，却把晦涩难懂的专业知识用通俗易懂的方式表达了出来，同时做出了总结。这样，她的语言更容易被大家接受，所表达的观点也更容易被听众理解。

怎么让听众理解专业知识？

要用通俗易懂的方式表达。

深入浅出地演讲需要：语言、感染力、思考、积累

要想把专业知识深入浅出地传递给聆听者，平日里就要多加练习。

第一，生动形象的语言。把空洞的语言转化为多样性的描述，让聆听者产生联想和想象，增强他们的兴趣。

第二，要想感染别人，首先感动自己。即兴演讲时要精神饱满，先让自己进入状态，用心感知，再传递出去。

第三，思考可以帮你找到新思路。善于思考，找到新观点、新见解，也能找到容易被理解的表达方式。

第四，平时积累也很重要。平日里注重知识、语言的积累，能让你言之有趣、言之有物。

言简意赅的道理才能让人记忆犹新

即兴演讲时除了要把专业知识浅显易懂地传递出去，还要及时把道理用简短的语言提炼出来，这样才能让自己说出的每一句话都能起到作用。

第一，道理要围绕主题，一针见血。有些人说着这个，想起了那个，结果说着说着就脱离了主题，这样会让聆听者觉得混乱，不知道在讲什么。

第二，要有逻辑性。演讲要有条理，摆出道理后进行论述，最后再总结

概括。千万不要在总结概括时随心所欲，啰啰唆唆。

第三，表达明确。只有明确的表达，才能精确地把信息传递给聆听者。

　　新兵连要在国庆节演出节目。新上任的连长负责整队。他大声地说："以排为单位分隔。战术队和文艺队分隔站立；男女兵分隔站立；大家按身高排成两队！"全连的士兵乱成了一团，大家都不知道自己该站在哪里。看到这种情形，连长指着面前的空地又一次发号施令："战术队站这边，文艺队站那边；男兵站这边，女兵站那边；全部按身高排成两队……"没想到，听了连长的话之后，现场的情况更混乱了。指导员在一旁看到这种情况，赶忙把连长叫过来，对他说："你的指令太不明确了。语义分离，越说越乱，你要简明扼要，才能让别人听懂。"听了指导员的话，连长想了想，再次发出指令："男女兵按身高列队。"这次队伍很快就排列好了。

　　从这个故事可以看出，语言要一针见血，表意明确，才能快速把信息传达给别人。

我又是战术队，又是高个子，我该站在哪儿？

我又该站在哪儿？

坚持自己的观点，同时不贬低相悖的观点

每个人都希望自己与别人相比能更胜一筹，特别是在即兴演讲的时候，为了展示自己的专业性和观点，都忍不住去和别人的观点作比较，不放过别人的一点儿错误，甚至无情地抨击对方的观点。其实，这样是不对的。任何事物都有多面性，所有的认知都是你自己局部的信息对自身的反馈，这就必然有局限性。即便你的观点正确，也不能证明别人的观点就是错误的。应该保持一种敬畏的同理心，站在不同的立场，从不同的角度，多方位地观察事物，理解他人的想法。

在即兴演讲的时候，我们要牢记一个道理：抨击别人的观点，不能证明自己的观点就是完全正确的。当我们想要证明自己观点的时候，需要寻找能证明自己观点的论据，而不是依靠"踩一捧一"的方法来证明自己的观点。

战国时期，鲍叔牙和管仲是一对好朋友，而且都是非常有才能的

谋士。当时的国君齐襄公不幸身亡，他的两个弟弟公子小白和公子纠争夺王位。鲍叔牙是公子小白的谋士，而管仲则为公子纠效力。两位公子在回国争夺王位的过程中，管仲为了帮助公子纠夺得王位，刺杀公子小白。公子小白命大，假死骗过了管仲，抢先一步回到国内继承了王位，称为齐桓公。而公子纠因为失败被杀，管仲也被抓进了大牢。齐桓公顺利继位，他上位后的第一件事就是要拜鲍叔牙为相，并要杀了管仲报仇。可是鲍叔牙却拒绝了相国之位，并告诉齐桓公："如果君上想要治理好齐国，那我可以为您效力；如果君上想要成就天下霸业，那么就非得管仲不可，他是个非常有才能的人，远胜于我。"

齐桓公听从了鲍叔牙的建议，不计前嫌给予了管仲相国的职位。后来，真如鲍叔牙所言，管仲的才华逐渐展现出来，最终辅佐齐桓公成了一代霸主。

文中的鲍叔牙虽然没有管仲有才华，却是一个非常有"大我"精神的人。他能够看到管仲的优点和长处，并能够坦然面对。在国家需要的时候，劝说齐桓公放下仇恨，不计前嫌，任用管仲，他甚至直接告诉齐桓公，管仲比自己更有能力帮助他把国家治理好。正是有了鲍叔牙的推荐，齐桓公才在管仲的辅佐下，成就了霸业。所以说，认同别人的优点和长处，不仅不会贬低自己，反而可以让别人认识到你所具备的优秀品质。

鲍叔牙怎么长他人志气灭自己威风？

你说得不对！他能坚持自己，同时懂得欣赏别人，这才难能可贵！

对相悖的观点，可以持"保留"态度

人与人之间，总会有观点相悖的时候，这是因为个人的生活阅历、经验不同造成的观点上的不同，但是并不能说明你就是正确的，别人就是错误的。所以不要为了突出自己而去贬低他人，要有平常心，学会坦然面对别人的意见和建议，认真聆听，尝试了解别人的观点。即便你实在不认同对方的观点，也不必去反驳、去贬低，还有一种态度叫"保留"。你可以保留你的态度，给对方应有的尊重。

苏东坡和佛印禅师是一对好友，他们经常在一起品茶聊天，谈论佛法。有一天，两人又聚在一起聊天，聊得正开心的时候，苏东坡突然问佛印禅师："你看我现在像什么？"佛印禅师说："我看你像一尊佛。"苏东坡哈哈大笑，对佛印禅师说："你知道我看你像什么吗？像一坨牛粪。"佛印禅师听了他的话，并没有生气，而是笑了笑。苏东坡看到佛印禅师的样子，心里很是得意，觉得自己赢了佛印禅师。事后，他还把这件事情当作笑话讲给朋友听，没想到朋友听了后，告诉他："所谓相由心生，佛印禅师说你像佛，说明他心中有佛；而你说他像一坨牛粪，说明你心中只有牛粪。"听了朋友的话，苏东坡才知道，原来真正的小丑是自己呀！

这个故事告诉我们，对于意见相悖的观点，我们一笑而过就是了，又何必耿耿于怀，非要分出个高低上下？

对相悖的观点，也可以保持开放的态度

对于即兴演讲者而言，自我认同感很重要。自我认同感低的人，经常会因为别人的观点与自己相悖就急于去批判和否定，这其实是不理性的做法，对自己并没有好处，应该保持开放的态度。不仅要坚持分享自己的观点和言论，也要乐于听一些不同意见。通过理性的分析，辨别别人的出发点是好是坏，好的地方我们就吸收，不好的地方我们就扔掉。也许别人的观点可以帮助我们精进我们的知识，实现双赢，让我们变得越来越好。

怎样理性地分析与自己相悖的观点？

可以从出发点分析，然后"取其精华，去其糟粕"。

善于"自黑"，巧妙降低针对性

　　曾听过这样一句话："说话的最高境界是幽默，而幽默的最高境界是'自黑'。"所谓"自黑"，就是自我解嘲，就是自己吐槽自己。这种表达方式，看似在嘲笑自己，其实是用迂回的方式来表达自己的反抗。在即兴演讲中，"自黑"非常重要。演讲时巧妙地拿自己"开涮"，容易得到聆听者的认同，觉得你可爱可亲，这对于拉近彼此的距离，调动现场气氛很有好处。而演讲者如果太过"完美"，就会激起聆听者嫉妒和厌恶的情绪，让他们产生压迫感，演讲效果也会因此而大打折扣。

演讲时，怎样让聆听者不针对自己？

你试试用"自黑"的方式。

　　我们在即兴演讲的时候，难免有些观点与别人不同，别人会以此来批判、讽刺我们，这不仅让我们失了面子，还会影响演讲的效果。这个时候，我们不妨用"自黑"的方法，帮自己解围。

有一位新生代女星，星途比较顺畅。可是，当她名气大了之后，却遭受了很多非议。

那时候她开始接触音乐领域，演唱了一首歌，可是没想到大家听了之后，纷纷表示太难听了，于是网络上骂声不断。就在这时，有位网友在女星微博下写下了评论："你们不要再黑她了，我得谢谢她，因为我的命就是她救回来的。"大家很好奇，纷纷留言询问，网友告诉大家："之前，我遭受了一场严重的车祸，昏迷了三个多月。有一次，家人来看望我时，打开了音乐，里面播放的正是她唱的这首歌，昏迷中的我突然听到这首歌，觉得太难听了，于是爬起来把收音机关上了。"

大家听了都哈哈大笑，开始到处转发。很快，女星也看到了这条评论，她没有因此而生气，反而接过了话题："每一天我都希望自己过得有意义，所以没事的时候就爱唱唱歌、救救人什么的……"

女星的"自黑"式回复，让大家直呼太可爱了。从此以后，很多原先讨厌这位女星的人都渐渐地喜欢上了她。

对明星来说，最怕的就是别人对自己的作品不认可。特别是女明星，脸皮薄，很怕听到对自己不利的言语。而这位女星却偏偏反其道而行之，她对别人的调侃丝毫不在意，用自己良好的心态、乐观豁达的态度面对众人。她这样的"自黑"方式，不仅没有贬低自己，还降低了大家对她的反感，起到了"黑到深处就是红"的效果。

"自黑"式演讲能增强亲和力

即兴演讲的时候，善于利用自己的缺点来嘲讽自己，这样会使演讲的氛围变得轻松愉快，同时还能让聆听者产生更多的兴趣，获得出其不意的演讲效果。"自黑"是为了降低自己的站位，通过这种方式，告诉聆听者自己和他们一样，也有缺点和不足，希望大家能包容自己。同时，"自黑"能增强亲和力。当大家觉得你和他们没有什么不一样的时候，就会觉得你是一个可以亲近的人，在很大程度上拉近了你和大家心理上，甚至是情感上的距离。

> 为什么演讲时要"自黑"？

> 自黑

> 为了增强亲和力，拉近自己和大家的距离。

伟大的科学家本杰明·富兰克林被誉为避雷针的创造者，他的智慧与勇气一直为人所称道。然而，在他的科研生涯中，也曾发生过一段趣事。在一次实验过程中，他怀揣着对科学的执着与好奇，试图用电流给一只火鸡一次"电击体验"。然而，命运似乎与他开了个玩笑，电流的力量远超他的预想，最终他自己却成了这场实验的"受害者"，被电流无情地击晕。面对这样的意外，富兰克林却展现出了他独特的幽默感，他自嘲道："本想给火鸡一点儿刺激，没想到自己却成了那个接受'刺激'的傻瓜。"

"自黑"式演讲能展示自己的个性

　　"自黑"的演讲方式可以很好地展现出自己的个性。演讲中的"自黑"只是拉近与聆听者距离的初级阶段，并不能单独地存在于整场演讲之中，也就是说不能单纯地为了"自黑"而"自黑"，这样做虽然会让聆听者觉得有趣，但是没有观点和主题，很容易被别人遗忘。如果你能在展现出自己的缺点和不足之后，顺着这个话题进行反转和延伸，说出自己的感悟，那么这样的"自黑"就变得积极且更有力量了。

不全是，更重要的是展示自己的个性。

演讲时"自黑"就是为了暖场吗？

言语整齐，用字精准，表达准确

无论多么重要的演讲，如果内容太过冗长，唠唠叨叨，那么演讲者即便是激情澎湃，也很难让聆听者有听下去的欲望。即兴演讲，一定要做到言语整齐，用字精准，表达准确。说话简洁、精练，用最清晰的方式告诉别人你想要表达的意思和观点，让聆听者在最短的时间内获得更多有用的信息。如果抓不住重点，言之无物，啰唆重复，全篇演讲都抓不到重点，那么即便你费了很多口舌，也将会是一场失败的演讲，这样的演讲不但耽误自己的时间，还会耽误聆听者的时间。

即兴演讲的语言要注意什么？

言语整齐，用字精准，表达准确。

所谓"不言则以，言必惊人"。实际上，即兴演讲的关键从来不是你用了多么专业的语言：高深的表达技巧让聆听者崇拜自己，而是要将你的信息准确无误地传给聆听者。即便你的语言不够华美，但是只要言语整齐，用字精准，表达准确，就一定能把信息传递到别人的心中。

有一天，一位文学爱好者问马克·吐温："您觉得演讲是长篇大论比较好还是短小精悍比较好？"马克·吐温没有直接回答他的问题，而是告诉他一件非常有趣的事情。

有一个周末，马克·吐温到教堂去做礼拜，碰巧教堂里有一位慈善家正在用非常哀痛的语言描述非洲人民的苦难，号召大家捐款帮助他们改善生活。马克·吐温听了5分钟后，觉得很感动，于是拿出了50美元，准备在演讲结束之后放入慈善家面前的捐款箱中。慈善家声情并茂地演讲着，很快，10分钟过去了，马克·吐温决定把自己的捐款减少一半；当慈善家滔滔不绝地演讲了30分钟以后，马克·吐温决定只捐款5美元；慈善家又讲了一个小时，终于结束了演讲，他拿起捐款箱向大家请求捐款。当到了马克·吐温的时候，他非但没有捐钱，反而从里面拿出了2美元。

讲完这个故事后，马克·吐温问文学爱好者："你现在觉得，长篇大论好还是短小精悍比较好？"

原本，马克·吐温想要捐助50美元，但是最后却从捐款箱中拿出了2美元。这件事看起来似乎不合情理，但是仔细想想，这么做也无可厚非。

那位慈善家的演讲原本是非常好的，可是，当他把短短5分钟能讲完的话拉长到一个多小时之后，他的演讲就变得啰啰唆唆，令人生厌。这种浪费别人时间的行为怎能不引起马克·吐温的反感呢？以至于他恶作剧般地从捐款箱中拿走了2美元。所以，演讲的时候一定要注意，言语整齐，用词精准，表达准确，如此才能让人听得津津有味。

长篇大论的演讲好，还是短小精悍的演讲好？

当然是短小精悍。

做到言语整齐，用字精准，才能表达内心所想

即兴演讲要做到言语整齐，用字精准，就要从以下四方面加以练习。

第一，言语排列整齐，结构简单，易说易听。多用排列整齐的短句子，这样演讲时不会气急吃力，而且容易记忆。

第二，准确理解每个字、词的意思。多学习，多用现代化工具查询，对那些模棱两可的词语反复理解，仔细揣摩，不要自以为是，胡乱使用。

第三，注意语言色彩。褒义词、贬义词、中性词的运用要准确，特别是意思相近的词语，表达出来的感受会不一样，一不留心就会给聆听者不好的心理感受。

第四，把握时代变化。注意因时代变化延伸出来的网络热词等，不要闹出笑话。

1941年10月底，时任英国首相的丘吉尔出席了剑桥大学举办的毕业典礼。那天，整个礼堂座无虚席，大家翘首以盼，等待着丘吉尔的到来。

很快，丘吉尔就在工作人员的陪同下，缓步走进礼堂，走向了演讲台。

丘吉尔默默地注视着台下的观众。就这样持续了一分钟，就在大家

好奇丘吉尔为什么不发言的时候，他才缓缓地张口，说了一句话："永不放弃！"

此刻的礼堂鸦雀无声，几秒钟之后，随即响起热烈的掌声。

丘吉尔挥手示意大家安静，再次注视着下面的观众，然后用更大的声音说了句："永不放弃！"

台下观众再次爆发了雷鸣般的掌声。丘吉尔在掌声中向大家低头示意，然后缓步走出了礼堂。

丘吉尔用最精练的语言，告诉所有的毕业生："永远不要放弃你应该做的事！"

准确的表达有利于传递主题思想

想要演讲时表达准确，就一定要做到以下几个方面。

第一，说话具体，言之有物。可以摆事实、讲道理，但是一定要做到具体准确，少用这样的词，比如："嗯、啊、哦""这个，那个"……

第二，明确对象，用词准确。明确演讲对象，演讲内容要清晰、明确，用别人能听懂的语言来表达。

第三，控制欲望，反复揣摩。控制自己急于表达的欲望，要清楚自己到底要说什么，提前做好准备，反复揣摩、思考，不要过于依赖自己随机应变的能力。

他这么一说，我立刻就明白了！

没错！

强调观点来源，塑造演讲人设

> 　　观点是即兴演讲的灵魂，是演讲者个人主观的评价，是演讲者水平和能力的真实体现。每一次演讲都必须有观点，而每一个观点的背后都要有事实依据。在即兴演讲的过程中，只有把自己的观点表达得足够清晰，用观点的事实依据作为有力补充，才能把自己的观点顺利传递出去，被别人认同。

　　其实，无论讲话还是即兴演讲，都是在表达演讲者的智慧，分享他们认为好的观点和感受，如果演讲者本身能够尊重事实，积极思考，就能从心中散发出一种美好而强大的力量，帮助自己塑造演讲人设，实现自我价值。

　　一件事，一本书，一个人物，一个热点新闻……都可以成为我们观点的来源，当我们阐述问题的时候，一定要加入自己的观点，这样才能让别人看到我们的态度和看法。

　　美国前总统尼克松在他的人生中遭遇过一次严重的危机。那一年，身为参议员的他突然看到一篇新闻，上面写着尼克松利用职务之便收取高额贿赂。顿时，消息传遍了整个美国，舆论席卷而来。突如其来的危机让本就是名人的尼克松顿感压力巨大。

为了摆脱这种负面影响，尼克松被迫召开记者会。当天，很多媒体记者都来到了现场，记者会向全国观众进行实况转播。

尼克松开始了他的演讲。他首先拿出了自己的财务报告，从他的家庭资产，讲到他的负债，接着又讲述了他的收入情况，就连花掉了多少钱都告诉了大家。

演讲的最后，尼克松告诉大家："说到受贿，这次竞选提名之后，我确实收到了一件礼物，那就是有人送给我的孩子一只小狗。"

顿时，笑声和欢呼声响彻全国。尼克松真诚的演讲很快就帮他澄清了事实，赢得了大家的支持。

当遇到危机的时候，尼克松并没有急着去解释，而是在演讲中，把自己所有的资产完完全全地摆在大家面前，同时强调这些就是他的收入和欠债情况，他通过这种方式，很直观地把自己的观点摆在众人面前，证明了自己的无辜，同时也收获了大家的同情和信任，为自己塑造出真诚、廉洁、公正的良好形象。

善用观点来源，表达自身思考

观点的来源可以从以下几方面寻找。

第一，同一个观点，用不同的表达方式，不同的视角讲解，就会给人耳目一新的感觉。

第二，巧妙运用谚语、民谣，并加以创新，表达出自己的思考，很容易吸引别人的注意力。

第三，对于某些已经定性的事情，也可以深挖一下，更深的思考会让你发现更多前所未知的事情。

第四，从观点的来源进行多角度分析。演讲者不否认现有观点，同时能提出新的观点，会带给听众不同的感受。

强调观点来源的目的是什么？

是为了表达你的思考，突出演讲主题。

塑造演讲人设，需要这三招

第一，留下第一印象，让别人一眼就能记住你。演讲者首先要从穿衣打扮、谈吐言行等方面给人良好的印象。我们平日要注意自己的言行，让自己带上正能量的标签。

第二，利用演讲，扩大自己的影响力。演讲者要利用语言，努力放大自己的优点，扩大自己的影响力，让别人遇到问题的时候，首先就想到你。

第三，增加自己的价值，塑造积极人设。用自己的思考、语言和行动来增加自身价值。

你想塑造什么样的演讲人设？

我希望做一个正能量的人。

拳王阿里性格非常内向，不喜欢与别人交流，这让他在观众的心中有着很不好的印象，严重影响了他的知名度。

有一次，阿里参赛的时候，膝盖受伤了。这让很多千里迢迢赶来看他比赛的观众很不满，大家都觉得他受伤了，必然会延长休息时间，拖延比赛节奏，大家对他的印象更不好了。

没想到阿里并没有如大家所想的那样，他第一时间向裁判示意，要求停止比赛。

下台后，有人问他："你伤得很严重吗？严重到不能比赛了吗？"

阿里说："膝盖虽然受了伤，但是如果坚持一下还是可以比赛的。但是这样的比赛必然不够精彩，会影响大家观看比赛的效果，所以我请求停止比赛。"

在这之前，阿里是个很不受大家欢迎的人，但是这次，他对这件事的诚恳解释，让大家转变了对他的看法。

阿里用短短几句话就塑造了自己顾全大局、为别人着想的人设，深深地打动了观众。

收尾重复核心观点，拉回大众注意力

一场好的演讲如果虎头蛇尾，就会让整场演讲大打折扣。其实，要有一个好的结尾并不难，只要重复你的核心观点就可以了。重复核心观点，可以与演讲的开场和主题相对应，瞬间拉回大众的注意力，极大地鼓舞聆听者，使聆听者与演讲者产生强烈的情感共鸣，从而为整场演讲加分

什么样的结尾更容易被大家记住？

重复核心观点的结尾方式。

结尾，是一场即兴演讲最重要的部分之一。当一个演讲者完成演讲，准备退出时，他所说的最后几句话，将会长久地回荡在聆听者的耳边，让大家长时间沉浸其中。

当我们抬头仰望曾经那片蔚蓝深邃的天空，如今却被一层厚厚的灰色面纱所笼罩。那是雾霾，它悄无声息地侵入了我们的生活，带走了清新的空气，剥夺了孩子们在阳光下自由奔跑的权利。

主持人演讲的结尾部分虽然没有提及雾霾，但字字句句都在重复自己的核心观点，告诉大家雾霾会影响我们，甚至会影响我们的下一代，她的演讲瞬间拉

回了大众的注意力，让人们对雾霾有了深刻的认识，同时也广泛地引起了人们对环境、健康等方面的思考，使聆听者不由得产生一种"使命感"和"责任感"。

演讲的结尾部分要突出重点，深化主题

演讲的收尾部分要用最简单精练的语言，提炼全篇演讲的重要观点，强化主题思想。你可以用以下几种方式。

第一，名言式结尾。名言式结尾内容丰富，非常具有启发性。

第二，抒情式结尾。抒情式结尾可以激起聆听者内心情感的浪花，给予他们极大的鼓舞。

第三，点题式结尾。点题式结尾可以突出演讲的中心思想。

第四，决心式结尾。决心式结尾能增强聆听者的信念，增强演讲的感染力。

第五，号召式结尾。号召式结尾可以给予聆听者积极、正向的力量。

联想集团曾经制作过一个校园招聘的视频广告，这个广告主要就是面对刚毕业的大学生。广告中，不仅展示了联想集团的发展历史、企业文化、人文关怀，还展示了它的发展前景，整个广告都给人非常积极向上的感觉。但是，整篇广告中，最让人觉得精彩的还是结尾部分，在广告的结尾，出现了几个醒目的大字："你的未来，你来联想。"结束语一语双关，非常巧妙。既点明了招聘企业的名称，又让人听完之后不由得开始产生联想，同时也引发了大家的思考。

错误的结尾方式要不得

错误的结尾方式会带给聆听者带来不愉快的感受，所以一定要注意。

第一，啰啰唆唆，适得其反。结尾的时候说一些与主题无关的话，会破坏聆听者的思路和心情，容易引起聆听者的反感。

第二，匆忙结束，草草了事。事先没有一点儿铺垫，匆忙地结束演讲，不仅会错失总结观点的大好机会，还会让聆听者产生不舒服的感觉。

第三，转变观点，大煞风景。在聆听者认真听讲的时候，突然转变了观点；或者是演讲过程非常轻松愉快，但是结尾却突然用了消极沉重的语言，这就会让人觉得大煞风景，同时还会分散聆听者的注意力。

咦？这么快就讲完了？

是呀，说着说着突然结束了。

第四篇

即兴演讲的八大禁忌

在即兴演讲的过程中，也有一些禁忌，稍有不慎，就会让自己精心准备的演讲变得不受欢迎，甚至让自己的心血全部白费。要想让自己的即兴演讲精彩、受欢迎，就要学会避开这些禁忌。

过于拿腔拿调，会让人觉得有距离感

> 演讲的开头应当如春风拂面，轻柔而自然，而非烈日当空，灵热逼人。我们无须过分展现自我，不必急于显露才华，以免让人产生距离感。一个好的开头应当是平和而真诚的，能够迅速拉近与听众的距离，引发共鸣。

我们需要明确的是，演讲的目的在于分享知识、传递情感、启发思考，而非炫耀自我，进行自我推销。因此，演讲开头应平和真诚，避免过分展现自我，以免和观众产生距离感。我们应以谦逊的态度，与听众进行心灵的交流，用真挚的话语拉近彼此之间的距离。

> 我是著名的企业家，还是作家协会的会员……

> 这个人有一半时间都在介绍自己。

演讲的开篇十分重要，它是吸引听众注意力、设定演讲基调并激发听众兴趣的关键部分。一个精彩的开篇能够立即抓住听众的注意力，使他们愿意继续聆听你的演讲。

在哈佛大学的毕业典礼上，罗琳女士，那位用《哈利·波特》系列图书书写奇幻世界的文学巨匠，以她独有的智慧和幽默，为即将走向社会的学子们送上了温暖的寄语。

她开场道："首先，我要由衷地道一声感谢。感谢哈佛给予我如此殊荣，也感谢这段时间以来准备演讲的紧张感，竟然神奇地助我瘦身成功。这可真是一次意想不到的收获！现在，我只需调整呼吸，设想自己正处于哈利·波特的魔法大会中，这会让我轻松不少。"

她继续分享道："作为毕业典礼的演讲嘉宾，我深感荣幸与责任。回想自己的毕业典礼，那位哲学大师的演讲虽深邃，但记忆已模糊。这让我更加专注于自己的演讲内容，希望为你们留下深刻印象。我希望我的分享能够激发你们的热情，而不是让你们陷入虚幻的魔法世界。如果你们在未来能回忆起我今天的讲话，那我就心满意足了。因此，我想说，设定一个明确而实际的目标，是我们每个人在成长道路上不可或缺的一步。"

幽默可以拉近人心

在哈佛大学的演讲台上，罗琳女士以自嘲的方式展现了她的风趣与坦诚。她坦言为演讲而焦虑，这既体现了她对这次演讲的重视，又彰显了她的真实情感。她调侃自己曾对毕业演讲一无所知，又担心自己的言辞会误导学子，这种幽默无疑拉近了她与听众的距离。她以知心姐姐的姿态，拉近了与听众的距离，让自己充满亲和力。她告诉我们，故作姿态永远无法赢得人心，而适度的自嘲却能让人感受到真诚与可信。罗琳女士的演讲，既深刻又亲切，让人在轻松愉快的氛围中，收获了深刻的启示。

我姓胡，接下来我说的都是胡言，你们可千万别当真！

真诚的魅力直触人心

演讲，不仅是语言的传递，更是心灵的交流。真诚，是演讲的基石。它让每一句话都充满力量，触动人心。真诚的演讲，如同清澈的泉水，洗涤听众的心灵。它不需要华丽的辞藻，只需真挚的情感，便能打动人心。当我们用心去讲述，用情去表达，听众便能感受到那份真诚与温暖。演讲者应当怀揣一颗赤诚之心，用真实的经历、深刻的见解去打动听众的心。因为，最真实的情感往往最能触动人心，最能引起共鸣。

> 这个人的演讲太真诚了。

> 可不是，很容易让人产生好感哪！

共情艺术为演讲增色加彩

共情，是演讲中不可或缺的艺术。它要求我们以听众的情感为纽带，深入他们的内心世界，用理解与共鸣来搭建沟通的桥梁。当我们运用共情艺术进行演讲时，我们的话语就像涓涓细流，滋润着听众的心田，引发他们内心深处的共鸣。我们不再是单纯的信息传递者，而是情感的传递者，用温暖与关怀触动每一个听众的心灵。因此，在演讲中，我们要巧妙地运用共情艺术，用真挚的情感去感染每一个听众，用理解与共鸣去编织一场心灵的对话。这样，我们的演讲将更具魅力，更能打动人心。

有一次，一位学者应邀到一个论坛做演讲。他上台第一句话就逗乐了大家："听说这个论坛是要请大咖们来给大家指点迷津，讨论规划未来的职业，我一听，倍感压力，心想是不是请错人了？我就是个在网上写写东西的，哪敢称什么'名师精英'啊？给各位做职业规划，这活我可真是力不从心。"他接着打趣道，"不过来了就好好说吧。要是我讲得不好，你们也别客气，直接给我喝倒彩，或者提前走人、举牌抗议都行。说到抗议，我还特地学了学躲鞋子的技巧，你们不信可以试试。但最好还是手下留情，不然下次讲座，我怕得改成登记鞋子入场，或者干脆光脚来了。听说网上有人建议，买菜刀得实名，估计以后买鞋也得实名了。"

自嘲显幽默，演讲更贴心

这位学者的演讲充满了幽默与自嘲，展现了他独特的个人魅力。他首先以自谦的方式开场，降低自己的身份，拉近与听众的距离。接着，他巧妙地将可能出现的负面反应转化为轻松的话题，不仅展现了他的机智，也缓解了听众的紧张情绪。在演讲中，他不仅以风趣的语言吸引了听众的注意力，还通过自嘲的方式展现了自己的谦逊和坦诚。这种坦诚与幽默相结合的表达方式让听众在轻松愉快的氛围中感受到了他的真诚和人格魅力。可以说，他的演讲不仅是一次知识的分享，更是一次情感的交流和心灵的触动。

没有准确表达出重点核心观点

演讲要言简意赅，直击要点。在有限的时间里，我们必须精准地把握主题，用精练的语言阐述核心观点，避免冗长烦琐的叙述，只有突出重点，才能让听众迅速理解并留下深刻印象，达到演讲的目的。

演讲要化抽象为具体，方能深入人心。抽象概念往往难以捉摸，而具体的事例和生动的描绘则能让听众更易理解和接受。因此，在演讲中，我们应善用生动的故事、具体的数据、形象的比喻，将抽象的理念转化为听众能直观感知的画面。这样不仅能增强演讲的说服力，还能激发听众的共鸣，使演讲内容更具感染力和影响力。

你看我写得怎么样？

不瞒你说，看了半天没看出重点。

TED演讲是一种富有魅力和影响力的演讲形式，源自享有盛誉的TED大会，其核心理念在于传播那些值得人们深思的创意与思想。TED演讲者多为各领域的佼佼者，他们不仅专业知识丰富，更有着独特的见解和视角。

朱迪·麦克唐纳·约翰斯顿的TED演讲虽然短，却令人震撼不已。她提出："生命的完美谢幕究竟意味着什么？我所探讨的，是最终的闭幕，即生命的终结。我们常思索如何充实生活，但我愿探讨如何优雅地告别此生。"此言一出，便让她的演讲独树一帜。

她深情地分享："我陪伴两位挚友，在晚年时以他们向往的方式走向生命的终点。我与他们相识于耄耋之年，他们虽有子女，却选择独立面对。我不仅是他们的托管人和医疗顾问，更是他们生命终章的见证者。在生命的黄昏，他们面对癌症、病痛，却仍不忘探访自己的农场，将一切托付给值得信赖的人，以此种方式向亲友预示自己的生命即将走到终点。"

朱迪进而强调："我们有权选择自己的离世方式。"她在大屏幕上列出了五个关键步骤，详细阐述了在无法自理时，我们应如何抉择离世之地、是否需要医疗干预、是否继续既定计划等。她总结道："若我们精心规划生命的终章，便能最大限度地守护生活的品质。"

情感与逻辑的完美融合

朱迪·麦克唐纳·约翰斯顿的TED演讲在技巧上展现了情感与逻辑的完美融合。她以深情的语调开场，迅速吸引听众的注意力，并通过分享个人经历，让演讲内容更具真实感和感染力。在阐述死亡这一敏感话题时，她既保持冷静与客观，又透露出对生命的敬畏与尊重。同时，她巧妙地运用逻辑分析，提出了五个关键步骤，帮助听众理解并规划生命的终章。整体上，朱迪的演讲既深情又理性，既感人又启发人，展现了高超的演讲技巧。

呜呜，太令人感动了。

提纲挈领，快速点明演讲关键所在

在演讲中引出重点，技巧的运用至关重要。一个好的开场，往往能瞬间抓住听众的注意力。可以采用故事化的叙述，用生动的情节和细节，让听众产生共鸣。同时，利用悬念和反问，激发听众的好奇心，引导他们主动思考。此外，引用权威数据或名人名言，也能迅速提升话题的可信度。在引出重点时，要注意语言的精练和表达的准确，确保信息能够清晰、有力地传达给听众。通过这些技巧的运用，演讲者能够更好地掌控节奏，引导听众进入主题，为后续的演讲内容打下坚实的基础。

这是我研究了十五年的成果……

演讲收尾，妙笔生辉点睛总结

演讲临近尾声，总结要点便显得尤为重要。此时，应言简意赅地梳理演讲的精髓，让听众对主旨要义产生难以磨灭的印象。可以采用归纳概括法，将纷繁复杂的信息点串联成逻辑清晰的脉络。同时，运用精练而富有表现力的语言，凸显演讲的闪光点和独到之处。在总结时，不妨融入些许个人见解或情感色彩，为演讲增添一抹亮色。这样的总结既能帮助听众回顾全貌，又能深化他们对演讲内容的理解和记忆。

1948年的春天，英国牛津大学迎来了一场特殊的讲座，主题是"成功的妙招儿"。主办方特地邀请了备受瞩目的丘吉尔先生，为学子们分享他的智慧。得知此消息，牛津大学的学子们纷纷踊跃报名，满怀对这位伟人的敬仰，渴望聆听他对成功的独到见解。

那天，演讲大厅座无虚席，世界各地的媒体记者争相前来，希望能够捕捉到丘吉尔演讲的精彩瞬间。随着时针的转动，丘吉尔先生如期而至，他迈着坚定的步伐走上演讲台。他威严的形象令在场的学生们肃然起敬，掌声雷动。丘吉尔挥手示意大家安静，他沉声道："我成功的秘诀，简言之，便是坚持不懈。一是不放弃，二是绝不放弃，三是无论如何都不能放弃！"说完，他便从容地走下讲台。

这次演讲虽然短暂，却被誉为丘吉尔的"一分钟经典"，成为外国政治家中最为成功、影响力深远的一次演讲。

演讲之道：简练与突出

演讲，非长篇大论，而应言简意赅。开篇点题，迅速抓住听众心弦，为后续内容做铺垫。中间部分，精选关键论点，深入浅出地阐述，避免冗长烦琐。每一句话都力求精练有力，直击要点，让听众在短暂的时光里，得到深刻的启示。结尾部分，总结全文，重申主题，留下深刻印象。简练的演讲，不仅节省时间，更能凸显重点，让听众在有限的时间里，收获无限的知识与智慧。

他讲得很精练。

确实，而且重点突出。

条理不清，逻辑混乱

一个优秀的演讲者，应当如同一位熟练的导航员，引导听众在思维的海洋中畅游，既不失方向，又能领略沿途的美景。在演讲中，条理清晰意味着我们要有一个明确的主题和主线，每个观点、每个例子都应当紧密围绕主题展开，形成一个有机的整体。而逻辑鲜明，则要求我们在阐述观点时能够按照合理的顺序和逻辑进行推导，使听众能够轻松地跟随我们的思路，理解我们的观点。

我们在准备演讲时，需要精心构思，合理布局。可以先列出要点，再逐一展开；也可以采用总分总的结构，先提出总体观点，再逐一分析，最后总结归纳。无论采用何种方式，都应确保演讲内容连贯、流畅，让听众在享受听觉盛宴的同时，也能得到深刻的思考和启示。

帮我把把关。

写得不错，要点突出，条理清晰。

演讲的成功离不开事先的充分准备。演讲者需深入研究主题，明确观点，构思逻辑框架，并准备生动的案例与恰当的措辞。只有经过精心的准备，才能确保演讲内容充实、条理清晰，给听众留下深刻印象。否则，你的演讲会一塌糊涂。

思维导图，演讲的必备利器

在演讲前列思维导图是一项非常实用的技巧，它不仅能帮助我们梳理思路，还能确保演讲内容的连贯性和条理性。通过绘制思维导图，我们可以将复杂的观点和信息分解成简单明了的分支，使得演讲内容一目了然。在演讲过程中，思维导图还能作为我们的提示器，帮助我们随时回到主题，避免偏离重点。此外，思维导图还能激发我们的创新思维，为演讲增添更多的亮点和深度。

你这演讲稿看着挺不错呀！

演讲前的必修课，背稿的艺术

演讲要背稿，这是确保表达流畅、信息准确的重要前提。通过背诵稿件，演讲者能够更深入地理解演讲内容，更好地把握语言的节奏和语调，从而在演讲中展现出自信和专业性。背稿还能帮助演讲者克服紧张情绪，减少口误和遗忘的可能性，使演讲更加流畅自如。当然，背稿并不意味着机械地复述文字，而是要在理解的基础上，将稿件内化于心，外化于行，做到自然、真实地传达信息。因此，在准备演讲时，我们应该认真背诵稿件，为演讲的成功打下坚实的基础。

演讲者逻辑思维的锤炼与运用

演讲者必须不断锤炼自身的逻辑思维，方能言辞犀利、条理清晰。深究事物的内在规律，剖析问题的前因后果，均是提升逻辑思维的有效途径。在演讲中，逻辑思维的运用至关重要。首先要确立主题，构建严谨的演讲框架，层层剥茧，逐步深入。避免思维跳跃，确保每一句话、每一个观点都与主题紧密相连。同时，借助生动的例子、鲜明的对比等手法，使演讲更具说服力。逻辑严密的演讲不仅能让听众轻松理解，更能引发其深入思考。因此，演讲者应持续锤炼逻辑思维，并巧妙地将其融入演讲中，这样才能展现一场完美的演讲。

你怎么这么勤奋呀？

锻炼一下我的逻辑思维，方便演讲啊。

东拉西扯，不专注于一个观点

在限定的时间里，演讲者必须运用最简练而有力的词汇，传递出最富启发性的智慧火花。这样的挑战，激励着每一位演讲者不断追求语言表达的极致，从浩如烟海的信息中提炼出最有价值的观点。他们深知，每一个字、每一个词都承载着启发人心的力量。因此，他们精心雕琢语言，力求用最通俗易懂的方式，将深刻的思想传递给每一位听众。

TED演讲，作为享誉全球的演讲盛事，每一场演讲都严格遵循时间管理，确保在18分钟之内完成，这不仅保证了演讲的紧凑与高效，更让观众在短暂的时间里能够领略到丰富而深邃的思想精髓。许多演讲者更是技艺高超，仅仅用10分钟的时间，就能将观点展现得淋漓尽致。这种高效且精准的沟通艺术，既是对演讲者表达能力的极大考验，也充分展现了他们对演讲主题的深刻洞察和理解。

下次会议，你们每个人做10分钟演讲。

啊？10分钟能讲什么呀？

演讲时跑题，绝对是一大忌讳。一旦话题跑偏，就像迷失在迷雾中，听众也跟着晕头转向。好的演讲应该像一条明亮的线，紧紧牵着主题不放，让听众能够轻松跟随，一起深入思考主题。

演讲的焦点，深度胜于广度

演讲不是一场漫无目的的闲谈，而是一次经过深思熟虑的智慧展现。一次成功的演讲，必须围绕一个中心观点展开，进行深入的剖析和探讨。这样的演讲能够引导听众进入思维的深处，产生共鸣与反思。反之，若演讲者过于追求内容的丰富多样，往往会导致主题分散，使听众难以抓住要领。因此，演讲者应当慎重选择主题，紧紧围绕核心观点展开论述，将观点阐述得透彻明了。这样的演讲，才能在听众心中留下深刻印象，实现演讲的真正价值。

不是吧，我都记了两页了，说了十几个观点了。

演讲要明确目的，直抵人心

演讲的核心在于其明确的目的，它如同指南针，引领听众走向理解与共鸣的彼岸。一次出色的演讲，必须清晰地传达演讲者的意图，无论是启迪智慧、触动情感，还是激发行动，都需一目了然。明确的目的性为演讲者构筑了坚实的论述基础，使听众能够轻松跟随，并深入领会演讲者的思想。同时，明确的目的也让演讲更具说服力，使听众更易产生共鸣。因此，准备演讲时，务必明确其核心目的，确保每一言每一语都紧扣主题，实现演讲的终极目的。

您有没有什么演讲技巧传授给我呀？

要明确目的，直抵人心。

演讲需坚守主题，勿让思维飘散

演讲，最忌跑题万里，使原本清晰的主题变得模糊不清。一旦主题游离，犹如风筝断线，不仅让听众摸不着头脑，更使演讲失去其原有的力度与深度。演讲者需时刻提醒自己，坚守核心议题，不让思维如脱缰之马肆意奔腾。在准备演讲时，应深入钻研，明确中心思想，确保在台上发言时，每一句话、每一个例子都与主题紧密相连。同时，也要敏锐捕捉听众的反馈，及时调整表达方式，确保演讲内容既紧扣主题又引人入胜。唯有如此，方能呈现一场精彩纷呈、深入人心的演讲。

跑题，演讲之路的隐形陷阱

演讲者须时刻谨记，避免跑题是成功的关键。在演讲过程中，务必保持对主题的专注与深入。当思绪飘离时，应迅速调整，回归正轨。同时，演讲者还需注意听众的反馈，确保自己的话语与听众的期待相符。若发现自己偏离主题，应立即刹车，重新聚焦。此外，充分准备是预防跑题的重要一环，深入研究、明确观点，才能在演讲时游刃有余，展现出色的才华。如此，演讲者方能真正征服听众，实现演讲的价值与意义。

你都跑题了，快别讲了。

一味堆砌材料，过于冗长

美国演讲学家查尔斯·R·格鲁内尔曾说，演讲需要有引力，如果演讲变成了堆砌材料，那演讲就失去了张力。我们时常会看到这样的演讲者，他们为了证实自己的观点，寻找一大堆材料，然后一项项拆开来讲给观众听。殊不知，这样冗长的演讲是难以引发观众的兴趣的。

在演讲中，切忌讲一些空洞的、客套的话语，也不要老是反复讲一些话或者一些口头禅，这样只会给观众带来特别虚伪的感觉。观众想听的是你的观点，以及你为此罗列出的紧扣主题的材料。主题鲜明、材料突出，才会给观众留下深刻的印象，否则只会让观众昏昏欲睡，甚至对你感到厌烦。

演讲时引入大量的故事，可能难以达到你想要的效果。你要明白，观众之所以来听你的演讲，是想知道你持什么观点，而不是来听有趣的故事的。

有一场演讲的主题叫"节俭是种美德"，演讲者先是举出了香港著名企业家曾宪梓的故事，虽然他已经身家上亿，可是在过去的四十多年时间里，他从来没去过任何娱乐场所，如酒吧、歌舞厅等。每天的饮食也非常简单，一点儿肉、青菜，总共消费不到十块钱。他的简朴是出了名的，和学生们一起吃午饭时，看到桌上有点心没有吃完，他还会将食物打包带回去，在场的学生都惊呆了。而某大饭店的行为却与之形成了鲜明的对比，这家饭店花费数十万元制作了一桌色香味俱全的满汉全席，可是仅仅展示了三天，就全部进了垃圾桶，让人直呼浪费。演讲者从这两个案例出发，提出了浪费可耻、节俭光荣的观点。他告诉我们要从自身做起，提倡节约，让勤俭成为一种习惯。

演讲失败的原因

演讲者的演讲主题鲜明、材料也非常有说服力，原本是可以很出彩的。可是最后的反响却不太好，原因就在于演讲者在说理时只是点到为止，并没有深入浅出地进行剖析。虽然材料也选得不错，可是，演讲者只是简单罗列出了两个事例，并没有深入分析背后的原因，也就不能通过这二者的对比、二者之间的内在逻辑关系来彰显主题，而最后的结尾也给人喊口号的感觉，不够厚重，难以引起观众的共鸣和重视。

我觉得我讲得挺好的呀，为什么会失败了呢？

我觉得你还有很大的进步空间。

讲故事的标准公式是什么

何时、何地、何人、何事、何故，这是讲故事的标准公式，即五何。在演讲的时候，直接从这五个方面展开即可。在讲故事的过程中，要注重描述故事的细节，而不要掺杂太多个人观点，否则会给人特别突兀的感觉。如果可以将故事中的人物对话模仿出来就更好了，这样会增加演讲的生动性。总结的时候尽量言简意赅，一句话总结陈述就好，不要啰哩啰唆讲一大堆，同时还要让故事和结论相互融合，成为一个整体。在讲故事时，所采用的语言应该是描述性的，而不是解释性的，以保证连续和一致。

我今天讲的是大灰狼和小红帽的故事。

用讲故事的方法开始你的演讲

在演讲时，如果能用一个小故事开头当然是最好的，这样可以吸引观众的注意力，也会让你的演讲主题更清晰。更有甚者，你可以通篇演讲只讲一个故事，只要这个故事和你的主题思想相吻合，你要做的就是借此阐述整个主题。当然，如果你准备了多个故事，你也可以用多个故事来充实你的演讲内容，但是最好不要超过三个，而且故事与故事之间要有关联，你的逻辑线也要足够清晰，否则会难以操控，甚至跑题。因此，故事少而精才是最佳状态。

一个女孩儿在演讲时说了一个自己的故事："我从小在拉斯维加斯

那片炽热的沙漠中长大，我常常做白日梦，梦想着能够环游世界，找一个能欣赏雪景的地方。

19岁那年，我如愿以偿地搬到了那片银装素裹的地方。我成了一名按摩师，这份工作简单而自由，只需一张按摩床，就能四处游历，为人们带去舒适与宁静。

然而，命运却和我开了个意想不到的玩笑，那天，我突然感觉身体不适，医生诊断我患上了细菌性脑膜炎。经过漫长的治疗，我失去了脾和肾，左耳失聪，甚至双腿也被截肢。

当我重新站起来时，我觉得自己就是一个缝缝补补的娃娃。但我并没有因此放弃，反而发现了新的生活方式。我可以随意调整脚的大小，穿上任何尺码的鞋子。我不再受身高的限制，可以自由决定自己的高度。"

亲身经历的故事最触动人心

在演讲中，讲述亲身经历的故事往往最能触动人心。因为真实的细节能引发听众的共鸣。就像那个年轻女孩儿，她用自己的故事告诉观众：即使生活给予我们痛楚，我们也要报之以歌。她的乐观与坚强，在无形中感染了每一个听众，让听众在思考中汲取力量。她的故事，不仅仅是对个人经历的分享，更是对生活态度的深刻诠释。通过她的故事，听众学会了如何在困境中保持乐观，如何在挫折中寻找希望。这就是演讲的魅力，也是故事的力量。

你真是太棒了！

抬高自己，贬低别人，说他人是非

很多人在演讲时会犯这样一个错误，觉得自己才是演讲的中心，不把听众放在眼里。试想一下，如果听众完全不理会演讲者，对其传递的信息听而不闻，那么这场演讲无疑是不成功的。在演讲时，切忌和听众产生冲突，更不能辱骂听众。

演讲者在面对听众时，要保持谦逊、诚恳的态度，平等对待所有听众。对于听众的质疑，要耐心解答。当有冲突和误会出现时，要学会求同存异、及时化解。如果有听众影响演讲活动的正常进行，可用眼神示意对方，提醒对方注意自己的行为。

在演讲过程中，听众虽然处于客体地位，但绝不是被动的接收者，而是具有主观能动性的参与者。这就要求演讲者不能只顾自己讲得爽，还要考虑到听众的感受。和听众进行良好的互动，才能取得好的演讲效果。

在一次演讲中，由于理念上的差异，两位演说家之间爆发了激烈的冲突，场面一度达到了剑拔弩张的地步。这时，凯若琳上台了，她是一位优秀的演讲者，她深知化解这场矛盾的核心在于让演说回到理性的轨道上来。她说："我们都深沉地爱着这片土地，只是我们选择了不同的路径。"她平和的话语缓和了紧张的气氛。之后，凯若琳又深入浅出地分析了双方的观点，指出他们的优劣点。并申明，辩论是为了找到更好的解决方法，而不是相互攻击。最后，凯若琳发起号召，让大家看待问题都理性一些，一起为这片我们热爱的土地努力。她的话语赢得了满堂彩，两位演说家之间的冲突也因此化解。凯若琳的演讲也因此成为整场辩论最精彩的部分，被大家当作化解冲突的标准化操作方式。

莫论他人是非

不管在什么情况下，都不要谈论他人是非，否则就是一种非常掉价的行为，是没有素养的表现。没有人喜欢和爱嚼舌根的人在一起，这样的人是不值得信赖的。在公开演讲时，演讲者更应该避开这一点，不要说他人的是非。特别是在脱稿演讲时，更要在品行、修养等方面做出表率。在非脱稿演讲时，在发表自己的观点前，要经过缜密的思考。观点要尽可能客观、公正，不要带有个人强烈的感情色彩。此外，语言不要极端，不要对他人发起人身攻击。

当然，我参考了最新的权威资料。

你说的这些有什么依据吗？

不懂得包装自己的声音，演讲不够动听

就像歌者注重自己的声音一样，演说者也对自己的声音特别重视。哪怕不能像播音员的声音一样动听，演说者也要多练习自己的噪音，以期给听众带来更加愉悦的听觉感受。有的人声音不好听，却可以通过对声音的包装和设计，让自己的声音直击听众的心灵。

演讲者在演讲时，要注意控制自己的语速和说话的节奏。如果讲得太快，会让听众很难听懂，无法和演讲者产生共鸣；如果讲得太慢，又会分散听众的注意力，抑或是让听众昏昏欲睡。因此，把控说话的节奏对于演讲者来说是至关重要的。

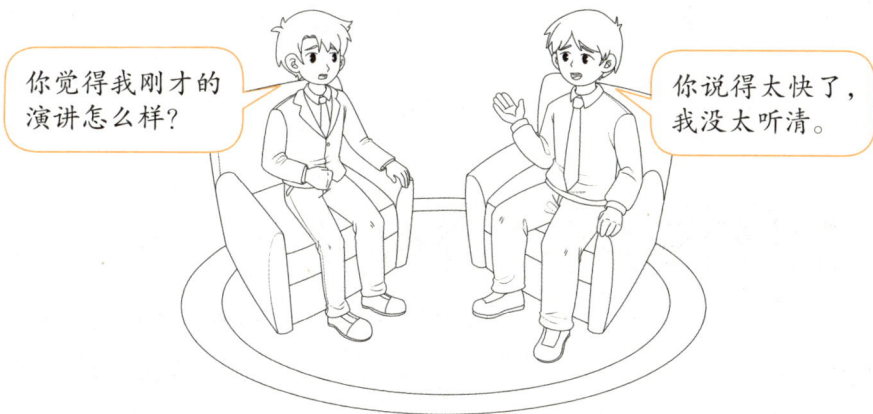

你觉得我刚才的演讲怎么样？

你说得太快了，我没太听清。

演讲者不仅要在外表上给听众留下好的印象，还要在声音上给听众留下好的印象，因为在演讲中，声音起到了至关重要的作用，直接决定了你的演讲能否引起听众的兴趣，引发听众的好感。

演说者要注意控制音量

演讲首先要保证听众能听到声音，否则一切都失去了意义。当然，也不要走极端，将音量调到最大，这样只会让听众反感，觉得你太聒噪了，难以吸收你演讲的精华。音量不仅会把你的声音传递出去，还可以有效地表达你的情绪。因此，演说者要让自己的音量保持在一个适中的水平，以表达合适的情绪。如果想要表达高昂的情绪，可以适当提高自己的音量；如果想要表达悲伤的情绪，可以将音量放低一点儿。

演讲声音要遵循的六大原则

第一，演讲者要使用标准、流利的普通话，以让听众可以准确听清楚你要讲的内容。当然，你也可以适当地插入方言，令你的演讲更加生动。第二，演讲者的声音要自然，不要刻意，随着演讲内容的变化，声音也要有所起伏，准确地传达你想要表达的情感。第三，演讲者的声音要简洁明快，充满力量感。第四，演讲者要注意自己的语速，重点的地方要讲慢一点儿，以引起听众的重视。第五，尽量不要使用"这个、嗯、啊"这样的口头禅，它会让人的思路中断，影响语言的连续性。第六，演讲前要做好充分的准备，在想要使用口头禅的时候，可以稍微停顿一下。

这个，啊，我今天哪，简单地说几句……

如何让声调更富感染力

同样一个字，由于声调不同，意义也会不一样。怎么让声调更富感染力，要着眼于以下四个方面：首先，要注意四个调的发音，以突显语调的变化。其次，要注重轻重音，有的词要重读，有的词要轻读，以区分不同的语言。再次，要注意感情。一声调大多表达的是平缓的感情，二声调大多表达的是疑问的感情，三声调大多表达的是惊讶的感情，四声调大多表达的是夸赞的感情。最后，要注意音节的长短，以牢牢抓住听众的注意力。

在苏格拉底被执行死刑的前夕，他的朋友和学生纷纷前来探望他，为他感到惋惜和不平。然而，苏格拉底却表现得异常平静和从容。

在临刑前的最后一刻，苏格拉底请求狱卒允许他最后再和朋友们交谈一次。狱卒同意了，于是苏格拉底站在牢房的门口，开始发表他最后一次演讲。

他的声音虽然低沉，却充满了力量。他谈论着关于生命、死亡和真理的哲学思考，鼓励朋友们要继续追求真理，不要害怕困难和挑战。他的声音穿越了牢房的墙壁，传到了外面聚集的群众耳中。

听到苏格拉底的话语，人们为他的智慧和勇气所感动。他的声音仿佛具有一种魔力，让人们重新思考生命的意义和价值。许多人开始为苏格拉底鸣不平，甚至有人开始密谋营救他。

虽然苏格拉底最终仍然被执行了死刑，但他的声音和思想却永远留在了人们的心中。他的演讲不仅改变了在场人们的看法，也对后来的哲学发展产生了深远的影响。

演讲时要注重言语的停顿

如果通篇演讲没有丝毫停顿，那么即便演讲得再流利，也会让听众感到疲惫。在演讲时，我们要注意把控住节奏停顿，让声音有喘息的空间。这种停顿会让脱稿演讲变得更加自如，以免让人觉得你在背稿。短停的时间可以是1~2秒，长停的时间可以是3秒。这种停顿会引发听众的思考，让听众跟着你的节奏走。如果一句话太长，可以在换气时适当停顿。有的句子可以在语法处停顿，有的句子可以在逻辑处停顿，还有的句子可以在抒发感情的地方停顿。

你能不能帮我听一听我演讲得怎么样？

内容还可以，就是该停顿的地方没有停顿。

小动作太多，不注意形体动作

在演讲时，运用一定的手势动作，可以为我们的演讲增光添彩。可是如果出现一些不必要的小动作，则会对演讲效果产生消极影响。很多人在演讲时会不自觉地做一些小动作，也许是紧张所致，也可能是习惯使然。无论是哪一种原因造成的，都要尽可能避免。

这些小动作会直接影响听众对我们的印象，因此，我们一定要想办法克服。你可以在演讲之前，先给自己录像，发现其中的问题，在动作、姿态等方面不断纠正自己。有的人喜欢摇头，这种小动作极易让听众分散注意力。抖腿是一种非常不雅观的小动作，极易引发听众的反感。站姿在演讲中显得尤为重要，有一位知名演说家就曾断言，站姿是演说成功的根本所在。只有保持站立的姿势，才能充分表现出演说者多方面的神采。

你能不能帮我录个像？我想找找我演讲中的问题。

当然可以。

演讲者还要在形态上下功夫，不管是表情，还是眼神、手势，都要得体，更好地服务于演讲。肢体语言也是演讲时一个很重要的方面，要尽量保持自然。演讲时不要躲在桌子后面，这会让你和听众的距离越来越远。

　　孙武以其卓越的军事才能和智谋闻名于世。然而，除了他的军事才能，他的仪态和小动作也同样引人注目。

　　有一次，孙武被齐国的君主召见，商讨国家大事。他进入宫殿时，他的仪态显得非常庄重且威严。他步履从容，身姿挺拔，仿佛一座不可动摇的山岳。他的目光深邃而锐利，仿佛能够洞察人心。

　　在商讨时，孙武的表现更是让人印象深刻。他言语简练而有力，每一个手势和表情都恰到好处地强调了他的观点。当他谈到国家的战略和军事布局时，他的手势有力而精准，仿佛在他的指挥下，千军万马正在战场上驰骋。

　　正是这样的仪态和小动作，让孙武在齐国君主和众臣面前展现出威严和智慧。他的见解和策略得到了大家的认可和赞赏，也为他后来成为齐国的重臣和军事统帅打下了坚实的基础。

手势是演讲的重要语言

　　和表情一样，手势在演讲中所发挥的作用也是至关重要的。手势可以有效传达信息、感情，展现出自信。手势还可以让语言更加生动，声音更具有感染力。手势还可以对某些词语的意义进行深化、强调，将词语里没有的内容传达出去。在演讲时，可以这样使用手掌：一是手心向上，大多有鼓励之意。二是手心向下，大多有否定的意思。三是双手从合到分，以传达忧伤的情绪。四是双手从分到合，表示协作等。手指的动作：一是可以表达赞叹之意，二是可以指出某个具体事物，三是传达批评之意，四是表示数量。

他的演讲给
予我力量。

演讲手势有哪些类型以及使用原则

演讲手势可分为下面几种类型：一是指示手势，用来指代具体事物，简单而直接；二是抒情手势，顾名思义，就是用来抒发情感，像高喊口号时挥舞手臂；三是习惯手势，这是演讲者个人的习惯；四是模拟手势，用来帮助听众了解演讲的内容。而演讲手势在使用时，要注意以下几个原则：一是和场面大小成正比，场面越大，手势幅度越大；二是要保持相应的时间，不能刚做出就马上收回；三是手势要自然，不要刻意；四是手势要文明；五是手势不要打得太多，以免让听众眼花缭乱；六是手势要和身体、语言相协调。

我刚才的演
讲怎么样？

没注意，就看到
你跟打拳一样，
手势太多了。

注意表情这个重要的态势语言

从演讲者的语言中，听众可以接收到相应的信息以及情感，而演讲者的表情也可以让听众感受到他们的内心世界。演讲大师们的表情往往比较丰富，可以让人感受到他（她）的真实情感。演说者面部表情的表达能力甚至超过他的语言和手势，是一种更直观，也更让人印象深刻的表达方式。很多用语言和手势无法清晰传达出的内容，用面部表情却可以起到事半功倍的效果。在演说中，面部表情的熟练运用，也可以让情感表达得更强烈，把演说者的内心波动更明显地表露出来。

眼神在演讲中的重要性

很多人在演讲时，不敢和观众对视，不是低头看地，就是抬头看天，抑或是看向窗外，这样的演讲是很难引起观众的共鸣的。在演讲中，眼神的重要性堪比语言表达，可用来传递信息、表达情感，让演讲者和观众的距离更近，让演讲的说服力更强。那么，演讲者要如何和观众用眼神交流呢？一是前视法，就是视线平移，从观众席中心向两边扩散。二是虚视法，就是装作看观众的样子，但其实没有看向任何一位观众。三是环视法，即目光在全场有节奏地挪动。四是点视法，即看个体。五是侧视法，即目光呈"Z"形或者"S"形移动。

> 这个人连自己都没有底气，也不知道他讲的对不对。